www.ingramcontent.com/pod-product-compliance
Lightning Source LLC
LaVergne TN
LVHW010557070526
838199LV00063BA/4996
* 9 7 8 9 3 5 8 7 2 2 1 9 2 *

ہنسی کی موج میں

(مزاحیہ مضامین)

مرتب:

فرح عندلیب

© Taemeer Publications LLC

Hansi ki mauj mein (Humorous Essays)
by: Farha Andaleeb
Edition: February '2024
Publisher :
Taemeer Publications LLC (Michigan, USA / Hyderabad, India)

ISBN 978-93-5872-219-2
9 789358 722192

مصنف یا ناشر کی پیشگی اجازت کے بغیر اس کتاب کا کوئی بھی حصہ کسی بھی شکل میں بشمول ویب سائٹ پر اَپ لوڈنگ کے لیے استعمال نہ کیا جائے۔ نیز اس کتاب پر کسی بھی قسم کے تنازع کو نمٹانے کا اختیار صرف حیدرآباد (تلنگانہ) کی عدلیہ کو ہو گا۔

© تعمیر پبلی کیشنز

کتاب	:	**ہنسی کی موج میں** (مزاحیہ مضامین)
مرتبہ	:	**فرح عندلیب**
صنف	:	طنز و مزاح
ناشر	:	تعمیر پبلی کیشنز (حیدرآباد، انڈیا)
سالِ اشاعت	:	۲۰۲۴ء
صفحات	:	۹۴
سرورق ڈیزائن	:	تعمیر ویب ڈیزائن

فہرست

(۱)	اخبار میں ضرورت ہے	پطرس بخاری	6
(۲)	سسرالی رشتہ دار	شوکت تھانوی	12
(۳)	جنس ہنر بیچتا ہوں	شوکت تھانوی	20
(۴)	گواہ	رشید احمد صدیقی	30
(۵)	گھاگ	رشید احمد صدیقی	39
(۶)	دلی جو ایک شہر ہے	فکر تونسوی	45
(۷)	گمشدہ کی تلاش	فکر تونسوی	73
(۸)	انکم ٹیکس والے	کنہیا لال کپور	83
(۹)	ہم بھی شوہر ہیں	یوسف ناظم	88

(ا) اخبار میں ضرورت ہے

پطرس بخاری

یہ ایک اشتہار ہے، لیکن چونکہ عام اشتہار بازوں سے بہت زیادہ طویل ہے اس لئے شروع ہی میں یہ بتادینا مناسب معلوم ہوا، ورنہ شاید آپ پہچاننے نہ پاتے۔

میں اشتہار دینے والا ایک روزنامہ اخبار کا ایڈیٹر ہوں۔ چند دن سے ہمارا ایک چھوٹا سا اشتہار اس مضمون کا اخباروں میں یہ نکل رہا ہے کہ ہمیں مترجم اور سب ایڈیٹر کی ضرورت ہے، یہ غالباً آپ کی نظر سے بھی گزرا ہوگا۔ اس کے جواب میں کئی امیدوار ہمارے پاس پہنچے اور بعض کو تنخواہ وغیرہ چکانے کے بعد ملازم بھی رکھ لیا گیا۔ لیکن ان میں سے کوئی بھی ہفتے دو ہفتے سے زیادہ ٹھہرنے نہ پایا۔ آتے کے ساتھ ہی یہ غلط فہمیاں پیدا ہوئیں، اشتہار کا مطلب وہ کچھ اور سمجھے تھے ہمارا مطلب کچھ اور تھا۔ مختصر سے اشتہار میں سب باتیں وضاحت کے ساتھ بیان کرنا مشکل تھا۔

جب رفتہ رفتہ ہمارا اصل مفہوم ان پر واضح ہوا، یا ان کی غلط توقعات ہم پر روشن ہوئیں تو تعلقات کشیدہ ہوئے، تلخ کلامی اور بعض اوقات دست درازی تک نوبت پہنچی، اس کے بعد یا تو وہ خود ہی ناشائستہ باتیں ہمارے منہ پر کہہ کر چائے والے کا بل ادا کئے بغیر چل دیئے، یا ہم نے ان کو دھکے مار کر باہر نکال دیا اور وہ باہر کھڑے نعرے لگایا کئے۔ جس پر ہماری اہلیہ نے ہم کو احتیاطاً دوسرے دن دفتر جانے سے روک دیا اور اخبار بغیر لیڈر ہی کے شائع کرنا پڑا، چونکہ اس قسم کی غلط فہمیوں کا سلسلہ ابھی تک بند نہیں ہوا، اس لئے

ضروری معلوم ہوا کہ ہم اپنے مختصر اور مجمل اشتہار کے مفہوم کو وضاحت کے ساتھ بیان کریں کہ ہمیں کس قسم کے آدمی کی تلاش ہے۔ اس کے بعد جس کا دل چاہے ہماری طرف رجوع کرے، جس کا دل نہ چاہے وہ بے شک کوئی پریس الاٹ کرا کے ہمارے مقابلے میں اپنا اخبار نکال لے۔

امیدوار کے لئے سب سے بڑھ کر ضروری یہ ہے کہ وہ کام چور نہ ہو۔ ایک نوجوان کو ہم نے شروع میں ترجمے کا کام دیا، چار دن کے بعد اس سے ایک نوٹ لکھنے کو کہا تو بپھر کر بولے کہ میں مترجم ہوں سب ایڈیٹر نہیں ہوں۔ ایک دوسرے صاحب کو ترجمے کے لئے کہا تو بولے، میں سب ایڈیٹر ہوں مترجم نہیں ہوں ہم سمجھ گئے کہ یہ ناتجربے کار لوگ مترجم اور سب ایڈیٹر کو الگ الگ دو آدمی سمجھتے ہیں۔ حالانکہ ہمارے اخبار میں یہ قاعدہ نہیں، ہم سے بحثنے لگے کہ آپ نے ہمیں دھوکا دیا ہے۔ دوسرے صاحب کہنے لگے کہ آپ کے اشتہار میں عطف کا استعمال غلط ہے، ایک تیسرے صاحب نے ہمارے ایمان اور ہمارے صرف و نحو دونوں پر فحش حملے کیے، اس لیے ہم واضح کیے دیتے ہیں کہ ان لوگوں کی ہم کو ہرگز ضرورت نہیں جو ایک سے دوسرا کام کرنے کو اپنی ہتک سمجھتے ہیں اور اس کے لیے صرف نحو کی آڑ لیتے ہیں۔ ہمارے ہاں جو ملازم ہوں گے انہیں تو وقتاً فوقتاً ساتھ کی دکان سے پان بھی لانے پڑیں گے اور اگر انہیں بحث ہی کرنے کی عادت ہے، تو ہم ابھی سے کہہ دیتے ہیں کہ ہمارے نزدیک سب ایڈیٹر کے معنی یہ ہیں، ایڈیٹر کا اسم مخفف اخبار میں ایک عہدہ دار کا نام جو ایڈیٹر کو پان وغیرہ لا کر دیتا۔

یہ بھی واضح ہے کہ ہمارا اخبار زنانہ اخبار نہیں لہٰذا کوئی خاتون ملازمت کی کوشش نہ فرمائیں۔ پہلے خیال تھا کہ اشتہار میں اس بات کو صاف کر دیا جائے اور لکھ دیا جائے کہ مترجم اور سب ایڈیٹر کی ضرورت ہے جو مرد ہوں، لیکن پھر خیال آیا کہ لوگ مرد کے

معنی شاید جوان مرد سمجھیں اور اہل قلم کی بجائے طرح طرح کے پہلوان، نیشنل گارڈ والے اور مجاہد پٹھان ہمارے دفتر کا رخ کریں۔ پھر یہ بھی خیال آیا کہ آخر عورتیں کیوں آئیں گی، مردوں کی ایسی بھی کیا قلت ہے، لیکن ایک دن ایک خاتون آہی گئیں۔ پرزے پر نام لکھ کر بھیجا۔ ہمیں معلوم ہوتا کہ عورت ہے تو بلاتے ہی کیوں؟ لیکن آج کل کم بخت نام سے تو پتہ ہی نہیں چلتا۔ فاطمہ، زبیدہ، عائشہ کچھ ایسا نام ہوتا تو میں غسل خانے کے راستے باہر نکل جاتا، لیکن وہاں تو ناز جھانجھروی یا عندلیب گلستانی یا کچھ ایسا فینسی نام تھا۔

آج کل لوگ نام بھی تو عجیب عجیب رکھ لیتے ہیں۔ غلام رسول، احمد دین، مولا داد ایسے لوگ تو ناپید ہی ہو گئے ہیں، جسے دیکھئے نظامی گنجوی اور سعیدی شیرازی بنا پھرتا ہے۔ اب تو اس پر بھی شبہ ہونے لگا کہ حرارت عزیزی، نزلہ کھانسی، ثعلب مصری ادیبوں ہی کے نام نہ ہوں، عورت مرد کی تمیز تو کوئی کیا کرے گا۔ بہر حال ہم نے اندر بلایا تو دیکھا کہ عورت ہے۔ دیکھا کے یہ معنی ہیں کہ ان کا برقعہ دیکھا اور حسنِ ظن سے کام لے کر اندازہ لگایا کہ اس کے اندر عورت ہے، ہم نے بصد ادب و احترام کہا کہ ہم خواتین کو ملازم نہیں رکھتے۔ انہوں نے وجہ پوچھی، ہم نے کہا پیچیدگیاں، کہنے لگیں آگے بولیے، ہم نے کہا پیدا ہوتی ہیں۔ بھڑک کر بولیں کہ آپ بھی تو عورت کے پیٹ سے پیدا ہوئے تھے، کیونکہ اس امر کا ہماری سوانح عمری میں کہیں ذکر نہیں اس لئے ہم تائید تردید کچھ نہ کر سکے۔ میری ولادت کو انہوں نے اپنا تکیہ کلام بنا لیا، بہتیرا سمجھایا کہ جو ہونا تھا وہ ہو گیا اور بہر حال میری ولادت کو آپ کی ملازمت سے کیا تعلق؟ اور یہ تو آپ مجھ سے کہہ رہی ہیں، اگر ہمارے پروپرائٹر سے کہیں تو وہ آپ کی اور میری ہم دونوں کی ولادت کے متعلق وہ وہ نظریے بیان کریں گے کہ آپ ہکا بکا رہ جائیں۔ خدا خدا کر کے پیچھا چھوٹا۔

ہمارے اخبار میں پروپرائٹر کا احترام سب سے مقدم ہے۔ وہ شہر کے ایک معزز ڈپو

ہولڈر ہیں۔ اخبار انہوں نے محض خدمتِ خلق اور رفاہ عام کے لئے جاری کیا ہے، اس لئے یہ ضروری ہے کہ پبلک ان کی شخصیت اور مشاغل سے ہر وقت باخبر رہے۔

چنانچہ ان کے پوتے کا ختنہ، ان کے ماموں کا انتقال، ان کے صاحبزادے کی میٹریکولیشن میں حیرت انگیز کامیابی (حیرت انگیز اس معنوں میں کہ پہلے ہی ریلے میں پاس ہوگئے) ایسے واقعات سے پبلک کو مطلع کرنا ہر سب ایڈیٹر کا فرض ہوگا، نیز ہر اس پریس کانفرنس میں جہاں خورد و نوش کا انتظام بھی ہو، ہمارے پروپرائٹر مع اپنے دو چھوٹے بچوں کے جن میں سے لڑکے کی عمر سات سال اور لڑکی کی پانچ سال ہے شریک ہوں گے، اور بچے فوٹو میں بھی شامل ہوں گے اور اس پر کسی سب ایڈیٹر کو زیر لب فقرے کسنے کی اجازت نہ ہوگی۔

یہ بچے بہت ہی ہونہار ہیں اور حالات حاضرہ میں غیر معمولی دلچسپی لیتے ہیں۔ کشمیر کے متعلق پریس کانفرنس ہوئی تو چھوٹی بچی ہندوستانیوں کی ریشہ دوانیوں کا حال سن کر، اتنے زور سے روئی کہ خود سردار ابراہیم اسے گود میں لئے لئے پھرے تو کہیں اس کی طبیعت سنبھلی۔

ہمارے اخبار کا نام آسمان ہے۔ پیشانی پر یہ مصرعہ مندرج ہے کہ آسماں بادل کا پہلے خرقہ دیرینہ ہے۔ اس فقرے کو ہٹانے کی کوئی سب ایڈیٹر کوشش نہ فرمائیں کیونکہ یہ خود ہمارے پروپرائٹر صاحب کا انتخاب ہے۔ ہم نے شروع شروع میں ان سے پوچھا بھی تھا کہ صاحب اس مصرعے کا اخبار سے کیا تعلق ہے، کہنے لگے اخبار کا نام آسمان ہے اور اس مصرعے میں بھی آسمان آتا ہے۔ ہم نے کہا بجا، لیکن خاص اس مصرعے میں کیا خوبی ہے؟ کہنے لگے علامہ اقبال کا مصرعہ ہے اور علامہ اقبال سے بڑھ کر شاعر اور کون ہے۔ اس پر ہم چپ ہوگئے۔ پیشانی پر اردو کا سب سے کثیر الاشاعت اخبار بھی لکھا ہے، یہ میرا تجویز کیا

ہوا ہے۔ اسے بھی بدلنے کی کوشش نہ کی جائے کیونکہ عمر بھر کی عادت ہے، ہم نے جہاں جہاں ایڈیٹری کی، اپنے اخبار کی پیشانی پر یہ ضرور لکھا۔

بعض امیدوار ایسے بھی آتے ہیں کہ آتے کے ساتھ ہی ہمیں سے سوالات پوچھنے لگتے ہیں۔ ایک سوال بار بار دہراتے ہیں، کہ آپ کے اخبار کی پالیسی کیا ہے؟ جیسے کوئی پوچھے کہ آپ کی ذات کیا ہے۔ ہماری پالیسی میں چند باتیں تو مستقل طور پر شامل ہیں، مثلاً ہم عربوں کے حامی ہیں اور امریکہ سے ہرگز نہیں ڈرتے، چنانچہ ایک دن تو ہم نے پریذیڈنٹ ٹرومین کے نام اپنے اخبار میں ایک کھلی چٹھی بھی شائع کر دی، لیکن عام طور پر ہم پالیسی میں جمود کے قائل ہیں، اسی لئے سب ایڈیٹر کو مسلسل ہم سے ہدایات لینی پڑیں گی۔ ہفتہ رواں میں ہماری پالیسی یہ ہے کہ پنڈی کیمپ کے ہیڈ ماسٹر کو موسم سرما سے پہلے پہل یا ترقی دلائی جائے، یا ان کا تبادلہ لاہور کرایا جائے (ان کے لڑکے کی شادی ہمارے پروپرائٹر کی لڑکی سے طے پا چکی ہے اور خیال ہے کہ موسم سرما میں شادی کر دی جائے)

انشا کے متعلق ہمارا خاص طرز عمل ہے اور ہر سب ایڈیٹر اور مترجم کو اس کی مشق بہم پہنچانی پڑے گی۔ مثلاً پاکستان بنا نہیں معرض وجود میں آیا ہے، ہوائی جہاز اڑتا نہیں محو پرواز ہوتا ہے۔ مترجموں کو اس بات کا خاص طور پر خیال رکھنا پڑے گا۔ ایک مترجم نے لکھا کی کل مال روڈ پر دو موٹروں کی ٹکر ہوئی اور تین آدمی مر گئے۔ حالانکہ انہیں کہنا چاہیئے تھے کہ دو موٹروں کے تصادم کا حادثہ رونما ہوا، جس کے نتیجے کے طور پر چند اشخاص جن کی تعداد تین بتائی جاتی ہے، مہلک طور پر مجروح ہوئے۔

لاہور کارپوریشن نے اعلان کیا کہ فلاں تاریخ سے ہر پالتو کتے کے گلے میں پیتل کی ایک ٹکیہ لٹکانی ضروری ہے جس پر کمیٹی کا نمبر لکھا ہوگا۔ ایک مترجم نے یہ ترجمہ یوں کیا کہ ہر کتے کے گلے میں بلّا ہونا چاہیئے، حالانکہ کارپوریشن کا مطلب ہرگز یہ نہ تھا کہ ایک

جانور کے گلے میں ایک دوسرا جانور لٹکا دیا جائے۔

سینما کے فری پاس سب ایڈیٹر کے مشاہرے میں شامل نہیں۔ یہ پاس ایڈیٹر کے نام آتے ہیں اور وہی ان کو استعمال کرنے کا مجاز ہے، فی الحال پروپرائٹر اور ان کے اہل خانہ کے کام آتے ہیں، لیکن عنقریب اس بارے میں سینما والوں سے ایک نیا سمجھوتہ ہونے والا ہے۔ اگر کوئی سب ایڈیٹر اپنی تحریر کے زور سے کسی سینما والے سے پاس حاصل کرے، تو وہ اس کا اپنا حق ہے لیکن اس بارے میں ایڈیٹر کے ساتھ کوئی مفاہمت کر لی جائے تو بہتر ہو گا۔ علی ہذا جو اشیاء ریویو کے لئے آتی ہیں، مثلاً بالوں کا تیل، عطریات، صابن، ہاضم دوائیاں وغیرہ وغیرہ ان کے بارے میں بھی ایڈیٹر سے تصفیہ کر لینا ہر سب ایڈیٹر کا اخلاقی فرض ہو گا۔

ممکن ہے ان شرائط کو اچھی طرح سمجھ لینے کے بعد کوئی شخص بھی ہمارے ہاں ملازمت کرنے کو تیار نہ ہو، اس کا امکان ضرور موجود ہے لیکن ہمارے لئے یہ چنداں پریشانی کا باعث نہ ہو گا۔ ہمارے پروپرائٹر آگے ہی دو تین مرتبہ کہہ چکے ہیں کہ اسٹاف بہت بڑھ رہا ہے، اسٹاف بہت بڑھ رہا ہے، اور اسی وجہ سے انہوں نے ہماری ترقی بھی روک دی ہے۔ عجب نہیں کہ جب ہم دفتر میں اکیلے رہ جائیں تو وہ ہمیں ترقی دینے پر آمادہ ہو جائیں۔ وہ اصولاً اسٹاف بڑھانے کے خلاف ہیں، دانشمندانہ انداز میں کہتے ہیں کہ اسٹاف زیادہ ہو تو بات باہر نکل جاتی ہے۔ یہ معلوم کبھی نہیں ہوا کہ کیا بات؟ کون سی بات؟ اپنے ڈپو پر بھی وہ اکیلے ہی کام کرتے ہیں، اور اس کی وجہ بھی یہی بتاتے ہیں کہ ورنہ بات باہر نکل جاتی ہے۔

(۲) سسرالی رشتہ دار

شوکت تھانوی

مصیبت یہ ہے کہ ریڈیو سیٹ سسرال میں بھی ہے اور وہاں کی ہر دیوار گوش دارد، مگر بزرگوں کا یہ مقولہ اس وقت رہ رہ کر اکسارہا ہے کہ بیٹا پھانسی کے تختہ پر بھی سچ بولنا، خواہ وہ پھانسی زندگی بھر کی کیوں نہ ہو، موضوع جس قدر نازک ہے اسی قدر اخلاقی جرأت چاہتا ہے۔ اور اس اخلاقی جرأت کا نتیجہ بھی معلوم، کہ سسرال کی آنکھوں کا تارا، خوش دامن صاحبہ کا راج دلارا اس تقریر کے بعد پھر شاید ہی سسرال میں منہ دکھانے کے قابل رہ جائے۔ ہر چند کہ حفظ ماتقدم کے طور پر آج سسرال والوں کو سنیما کے پاس لاکر بھی دے دیے ہیں۔ اور ریڈیو سیٹ کا ایک بلب بھی احتیاطاً جیب میں ڈال لائے۔ مگر یہ سب کچھ سسرال کے ایک گھر میں ہوا ہے اور گھر ٹھہرے وہاں درجنوں ظاہر ہے کہ کوئی نہ کوئی تو یہ تقریر سن ہی لے گا۔ اور پھر سسرال ٹرانسمیٹر سے نمک مرچ لگاکر یہ تقریر نشر ہوگی، بیوی کا منہ پھول جائے گا۔ ان کی والدہ کی سرد آہیں محلہ بھر کو فریجیڈیر بناکر رکھ دیں گی، ان کی خالہ گردن ہلا ہلا کر اور آنکھیں مٹکا مٹکا کر فرمائیں گی کہ میں نہ کہتی تھی کہ داماد آستین کا سانپ ہوتا ہے۔ آخر کب تک نہ پھنکارتا۔ سارا کیا دھرا ملیامیٹ کرکے رکھ دیا کہ نہیں۔ مگر اب تو جو کچھ ہو سچ بولنا ہی پڑے گا۔ ان لوگوں کا وہاں ذکر نہیں جو سسرال میں مبتلا ہو چکے ہیں۔ بلکہ مخاطب وہ ہیں جن کو ابھی واصل بہ سسرال ہونا ہے کہ،

اے تازہ واردانِ بساطِ ہوائے دل

زنہار اگر تمہیں ہوسِ عقد وقد ہے
دیکھو مجھے جو دیدۂ عبرت نگاہ ہو
مجھ سے وصول کرلو نصیحت جو عقد ہے

میں ایک داماد ہوں اور میں نے جلد بازی سے کام لے کر شادی کے معاملے میں صرف بیوی کے سلسلے میں تو ضروری تحقیقات کرلی تھی کہ کیا عمر ہے صحت کیسی ہے، صورت و شکل کا کیا عالم ہے، تعلیمی استعداد کیا ہے وغیرہ وغیرہ۔ مگر اب سر پر ہاتھ رکھ کر رونا پڑتا ہے کہ یہ کیوں پوچھا تھا کہ ان میں کتنی خالائیں۔ کتنی نانیاں۔ دادیاں۔ چچیاں۔ تائیاں۔ بہنیں۔ اور بھاوجیں ہیں۔ اور کتنے اسی قسم کے مرد رشتہ دار ہیں، اور ان رشتہ داروں کے کتنے ایسے رشتہ دار ہیں جن کو جبراً اپنا رشتہ دار سمجھنا پڑے گا۔ اور کتنے ایسے عزیز ہیں جن کو اخلاقاً عزیز ماننا پڑے گا۔ پھر ان کے بعد ان عزیزوں کی باری آتی ہے جن کو انتظاماً عزیز کہا جاتا ہے۔ پھر انتقاماً عزیز بن جانے والوں کی باری آتی ہے۔ اور آخر میں جغرافیائی رشتہ دار آتے ہیں، مثلاً خالہ، ہمسائی، اور چچا پڑوسی وغیرہ، اس کی تحقیقات نہ کرنے کا نتیجہ یہ ہوا کہ اب۔

دل غریب ادھر ہے ادھر زمانہ ہے

ایک سے ایک سسرالی رشتہ دار روز دیکھ لیجیے جو محبت چھڑکنے دھرا ہوا ہے۔ غریب خانے پر دفتر سے تھکے ہارے بھوکے پیاسے دماغ کا عرق نکلوائے ہوئے سکون کی تلاش میں گھر پہنچے ہیں، کہ دیکھتے کیا ہیں، میٹھے پانی کی بوتلیں بھقا بھق کھل رہی ہیں، مرغ ذبح ہورہا ہے، خانساماں باورچی خانہ میں پتیلیوں سے ورزش کررہا ہے۔ اور اندر سے ایسے قہقہوں کی آوازیں آرہی ہیں گویا کوئی بے چارہ آسیبی خلل میں مبتلا ہے۔ کسی ملازم سے پوچھا کہ یہ گھر کس کے نام الاٹ ہوگیا۔ معلوم ہوا کہ بیگم صاحبہ کے کوئی پھوپھا معہ اہل و

عیال تشریف لائے ہیں۔ جل تو جلال تو۔۔۔ صاحب کمال تو، آئی بلا کو ٹال تو۔ کا وظیفہ پڑھتے ہوئے جو گھر میں داخل ہوئے تو بیگم صاحبہ خوشی سے بد حواس دوڑی ہوئی تشریف لائیں۔ ارے آپ کو خبر بھی ہے کون آیا ہے۔ پھوپھا میاں۔ پھوپھی۔ نجو۔ جگنو۔ چھمی۔ لاڈو۔ رانی۔ آیئے نا آپ نے تو دیکھا بھی نہ ہو گا ان سب کو۔ بڑا انتظار کر رہے ہیں سب آپ کا۔ عرض کیا۔ کچھ بتایئے تو سہی یہ کون پھوپھا تصنیف کر لیے آج وہ جو پرسوں آئے تھے۔ وہ بھی تو پھوپھا تھے۔ احمق سمجھ کر مسکرائیں۔ ارے وہ تو ذرا دور کے پھوپھا تھے۔ یہ ان سے ذرا قریب کے پھوپھا ہیں۔

ابا جان کی رشتہ میں خالہ زاد بہن کی سگی نند ہیں۔ یہ تو ہماری شادی میں نہ آسکی تھیں۔ پھوپھا میاں بیچارے پر ایک جھوٹا مقدمہ چل گیا تھا ان دنوں، مطلب یہ ہے کہ اب آئے ہیں یہ لوگ، بڑی محبت کے لوگ ہیں آپ بہت خوش ہوں گے۔ چلیے میں چائے لگواتی ہوں سب کے ساتھ آپ بھی پی لیجیے۔

اب جو ہم ذرا ان کے قریب پھوپھا کے پاس پہنچے تو جی چاہا کہ ان سے مزاج پوچھنے کے بجائے گھی کا بھاؤ پوچھ لیں۔ چڑھی ہوئی داڑھی۔ بڑا سا پگڑ۔ خوفناک آنکھیں، پہاڑ کا پہاڑ انسان۔ ہماری شادی کے زمانے میں اس شخص پر جھوٹا نہیں بلکہ ڈکیتی کا سچا مقدمہ چل رہا ہو گا۔ آنکھیں چار ہوتے ہی ڈر کے مارے عرض کیا۔ السلام علیکم۔ وہ حضرت ایک دم سے وعلیکم السلام کا بم رسید کر کے حملہ آور ہو گئے اور اس زور سے مصافحہ فرمایا ہے کہ بھتیجی کا سہاگ ٹمٹما کر رہ گیا۔ ابھی ان حضرت سے زور کر ہی رہے تھے کہ ان کی اہلیہ محترمہ بلائیں لینے کو جو آگے بڑھی ہیں تو بیساختہ کلمہ شہادت زبان پر آگیا کہ اس سے بڑی سعادت اور کیا ہے کہ مرنے سے پہلے کلمہ پڑھ سکے آدمی۔ مگر یہ محترمہ یعنی۔ یکے از خوشدامن دعائیں دیتی ہوئی ہٹ گئیں۔ اب جو نظر پڑتی ہے تو ان کے ایک صاحبزادے

ہمارا ٹینس کا بلاّ لئے ایک سڈول قسم کے پتھر سے کھیل رہے ہیں اور ہم پر وہ وقت پڑا ہے کہ ہم ان سے یہ بھی نہیں کہہ سکتے کہ یہ وہ بلا ہے جس سے ہم کو لان ٹینس چیمپئن شپ کے میچ کھیلنا ہیں۔ ٹینس کے اس بلے پر فاتحہ بھی پڑھنے نہ پائے تھے کہ ایک نہایت گھناؤنی سی صاحبزادی ایک اس ہاتھ میں اور ایک اس ہاتھ میں دو پیپر ویٹ لیے ہوئے نظر آئیں جو ظاہر ہے کہ لکھنے کی میز سے اٹھائے گئے ہوں گے۔ لپک کر لکھنے کی میز کی جو دیکھتے ہیں۔ تو وہاں روشنائی کا سیلاب آچکا ہے۔ اور اکثر ضروری کاغذات روشنائی میں ڈوب کر خشک بھی ہو چکے تھے۔ ابھی رونے کا ارادہ ہی کر رہے تھے کہ ڈریسنگ ٹیبل پر زلزلہ سا آگیا۔

چھوٹی بڑی شیشیاں آپس میں ٹکرانے لگیں اور ایک آدھ گر بھی گئی۔ دیکھتے کیا ہیں کہ ایک برخوردار اس کے نیچے سے برآمد ہو رہے ہیں۔ جی چاہا کہ سر پیٹ لیں، مگر بیگم نے باہر ہی سے آواز دی کہ چائے لگ گئی ہے۔ لہٰذا خون کے گھونٹ پیتے ہوئے چائے کی اس میز پر آگئے جو مہاجرین کا کیمپ بنی ہوئی تھی۔ پھو صاحب چائے کی پیالی سے طشتری میں چائے انڈیل انڈیل کر شڑپ شڑپ کی آوازوں کے ساتھ چائے نوش فرما رہے تھے۔ ان کی اہلیہ محترمہ کیلا کھا چکنے کے بعد ایک ایک کیلا اپنی اولاد کو تقسیم فرما رہی تھیں۔ اور اولاد خشک میوے سے اپنی جیبیں بھر رہی تھی۔ ایک صاحبزادے نے اپنی بہن سے بادام چھیننے کی کوشش میں جو ہاتھ مارا ہے تو نئے سیٹ کی کیتلی ایک زمزمے کے ساتھ فرش پر گر کر چکنا چور ہو گئی تو ہم نے اپنے کو غشی سے بچاتے ہوئے عرض کیا کوئی مضائقہ نہیں۔ حالانکہ یہ سو فیصدی مضائقہ ہی مضائقہ تھا۔ پھوپھا صاحب نے اِدھر سے اور پھر پھوپی صاحبہ نے ادھر سے صاحبزادے کو دو ہاتھ رسید کر کے رہی سہی فضا کو اور بھی نغموں سے لبریز کر دیا۔ اور اب جو ان برخودار نے رونا شروع کیا ہے تو خودکشی کو جی چاہنے لگا۔ خدا خدا کر کے یہ طوفان تھما تو پھوپھا صاحب نے تقریب تشریف آوری کچھ

اس فصاحت سے بیان فرمایا ہے کہ ہاتھوں کے طوطے اڑ گئے۔ معلوم ہوا کہ مقدمہ چل جانے کی وجہ سے ملازمت جاتی رہی ہے۔ لہٰذا آپ ملازم ہونے تشریف لائے ہیں۔ اور جب تک خاکسار ان کے لیے ملازمت کا انتظام نہیں کرتا وہ ٹلنے والے نہیں ہیں۔ عمر پنشن لینے کے لگ بھگ، تعلیم ایسی کہ خواندہ کانسٹیبل بھرتی ہو کر ہیڈ کانسٹیبل کے عہدہ جلیلہ تک ترقی فرمائی تھی کہ اب یہ پکڑی جانے والی رشوت پکڑلی گئی اور،

دھرے گئے دلِ خانہ خراب کے بدلے

وہ تو کہیے خوش نصیب تھے کہ قالین بانی سیکھنے جیل نہیں بھیجا گیا۔ صرف ملازمت ہی گئی۔ خیر یہ تو جو کچھ ہوا، وہ ہوا، سوال تو یہ تھا کہ آخر ہم اپنی کس جیب سے ملازمت نکال کر ان کے حوالے کرتے۔ کہ اے ہماری بیوی کے محترم پھوپھا یہ لے ملازمت۔ ہم کو خاموش دیکھ کر بولے۔ "برخوردار اس خاموشی سے کام نہ چلے گا۔ مجھے اچھی طرح معلوم ہے کہ تم کس قدر اثر اور رسوخ کے آدمی ہو۔ ذرا سا اشارہ کر دو گے تو اچھی سے اچھی ملازمتیں میرے لیے خود ہاتھ پھیلائیں گی۔ صاحبزادے حکام رسی بڑی چیز ہوتی ہے اور میں تو اس کو اپنے خاندان کے لیے نعمت غیر مترقبہ سمجھتا ہوں کہ تمہارا ایسا بارسوخ برخوردار ہمارے خاندان میں شامل ہو گیا ہے۔ تو میاں مطلب یہ ہے کہ میرے گھر کا خرچ ڈھائی سو روپیہ ماہوار سے کسی طرح کم نہیں ہے۔ میں یہ چاہتا ہوں کہ ملازمت ایسی ملے کہ بالائی آمدنی کی لعنت میں مبتلا ہونے کی ضرورت ہی نہ پیش آئے۔"

بیگم صاحبہ نے بڑی شگفتگی سے فرمایا۔ "پھوپھا میاں بس اب اطمینان رکھیے۔ آپ نے ان سے کہہ دیا ہے۔ بس اب یہ سمجھ لیجیے کہ نوکری مل گئی۔ ان کی کوشش ٹل نہیں سکتی۔ اور ہم کو گھور کر چپ رہنے کا اشارہ کر دیا۔ لہٰذا ہم کو کہنا ہی پڑا کہ انشاء اللہ کچھ نہ کچھ ہو ہی جائے گا۔"

چائے کے بعد ہم نے اپنے کمرے میں آکر بیوی صاحبہ کو بلا کر سچ مچ رو دینے کے انداز سے کہا۔

"خدا کے لیے یہ تو بتاؤ کہ تم نے آخر میرا کیا انجام تجویز کر رکھا ہے۔ یہ تمام نقصانات یہ ابتری گھر کی۔ یہ ستیاناسی میرے کمرے کی۔ میرے قیمتی ریکٹ کی یہ بربادی وغیرہ تو ایک طرف میں ان سب نقصانات کو اپنی جان کا صدقہ سمجھ لیتا۔ مگر مجھ سے آخر ایسے وعدے کیوں کرادیتی ہو۔ جو میرے امکان ہی میں نہ ہوں۔ بھلا غور تو کرو میں ان حضرت کو ڈھائی سو روپیہ ماہوار کی ملازمت کیسے دلوا سکتا ہوں۔" سرگوشی کے انداز میں بولیں آپ سچ مچ عقل کے دشمن ہیں۔ میں نے تو اپنے میکے میں آپ کا نام اونچا کرنے کے لیے مشہور کر رکھا ہے کہ آپ سب کچھ کر سکتے ہیں۔ بڑے بڑے افسر آپ کے نام کا کلمہ پڑھتے ہیں۔ آپ کو نہیں معلوم اس طرح عزت بڑھتی ہے آدمی کی۔ ایک آدھ دن کے بعد خوبصورتی سے ٹال دوں گی۔ عرض کیا، کاش یہ خوبصورتی آپ اب نہ آزمائیں تاکہ میرا قیمتی ریکٹ بچ جاتا۔ اتنے حسین چائے کے سٹ کی کیتلی نہ ٹولتی۔"

پھر رازداری سے بولیں "ارے آپ کو نہیں معلوم ہے۔ یہ پھوپھا بڑے ڈھنڈورچی ہیں۔ اگر یہاں سے ہم لوگوں کے حسنِ سلوک کے قائل ہو کر گئے تو سارے خاندان میں آپ کی تعریفیں کرتے پھریں گے۔ آج ان سب کو سنیما ضرور دکھا دیجیے۔ کسی کا موٹر چپکے سے منگوا لیجیے گا۔ میں نے کہہ رکھا ہے کہ موٹر کارخانے گیا ہوا ہے۔" لیجیے یک نہ شد دو شد آپ نے یہ بھی مشہور کر رکھا ہے۔ کہ گھر کا موٹر بھی ہے۔ اب بتائیے کہ اس میں بیچارے سسرال والوں کا کیا قصور وہ تو اسی قسم کی موٹی تازی توقعات لے کر آتے ہی رہیں گے۔ اور بیگم صاحبہ کی یہ شیخی دیوالہ نکلواتی رہے گی۔ اسی طرح بات یہ ہے کہ اس بات کا صحیح انداز تو مردم شماری کے کاغذات دیکھ کر ہو سکتا ہے کہ بیگم صاحبہ کی معرفت

ہمارے سسرالی عزیزوں کے صحیح اعداد شمار کیا ہیں۔ مگر فی الحال تو یہ ہو رہا ہے کہ دفتر میں بیٹھے کہ چلمن اٹھائی اور کوئی نہ کوئی اجنبی بزرگ موجود۔ برخوردار تم مجھ کو نہیں جانتے مگر تم دراصل میری آنکھوں کے نور اور دل کے سرور ہو اور میں رشتہ میں تمہارا خسر ہوتا ہوں۔ وہ بچی جو تم سے منسوب ہے میری گودوں کی کھلائی ہوئی ہے اور بچپن ہی سے اس کی پیشانی پر وہ ستارا چمکتا ہوا دیکھ رہا تھا جس کو نیر اقبال کہتے ہیں۔ تو عزیز من دیکھنے کو بے حد جی چاہتا تھا۔

دوسرا کام یہ تھا کہ میرے بچے یعنی تمہارے برادرِ نسبتی کا چالان ہو گیا ہے۔ بلوے کے سلسلے میں غالباً صاحبزادے نے کسی کا سر پھوڑ دیا ہے۔ بہر حال تم میرا اتنا کام کر دو کہ اس چالان کے قصے سے نجات دلوادو۔ کسی طرح اب وہ کام ہو سکتا ہو یا نہ ہو سکتا ہو مگر اس حماقت کی پاداش میں کرنا ہی پڑے گا کہ ان کے خاندان میں شادی کر بیٹھے ہیں۔ دفتر سے گھر پہنچے ہیں تو کوئی اور ہی رشتہ دار موجود ہے اپنی کسی ایسی ہی غرض کو لیے ہوئے۔ اور اگر کچھ نہ بھی سہی تو آج اس سسرالی عزیز کے کسی عزیز کی شادی ہے اور دلہن کے لیے تحفہ کی ضرورت ہے۔ آج اس سسرالی عزیز کے بندہ زادے کا عقیقہ ہے اس میں شرکت کی ضرورت ہے اور شرکت ٹیکس کی بھی۔ بیگم صاحبہ واقع ہوئی ہیں ایسی مرنجان مرنج کہ میکوں والوں سے تعلقات بھی زیادہ سے زیادہ استوار رکھنا چاہتی ہیں اور شوہر کو بھی کچھ ایسا رائی کا سا پہاڑ بنا کر اپنے میکے بھر میں مشہور کر رکھا ہے کہ ان کی تصنیف کی ہوئی پوزیشن کو سنبھالنا ایک مستقل عذاب بن کر رہ گیا ہے۔

یہ حال ہے کہ کسی پر مقدمہ چل جائے وہ دوڑا آجائے گا اس خاکسار کے پاس۔ کسی کو کوئی سفارش پہنچوانا ہو گی منہ اٹھائے چلے آئیں گے غریب خانے پر۔ کسی سے کوئی جرم سرزد ہو گا، پناہ لی جائے گی اس خاکسار کی آڑ میں۔ بیوی نے اس خاکسار شوہر کو تبرک بنا کر

اپنے میکے میں بانٹ دینے کی ٹھان لی ہے۔ اور خوش ہیں کہ ماں کا سکہ جم رہا ہے۔ میرے عزیزوں میں۔ میاں ایسے حواس باختہ ہو چکے ہیں کہ ان سسرالی نوازشات کا اب سلسلہ بند ہوتا ہی نہیں۔ کوئی لاکھ محبت چھڑکتا، خلوص برساتا، مامتائیں لٹاتا ہوا آئے مگر یہ سنتے ہی خون خشک ہو جاتا ہے کہ یہ کوئی سسرالی عزیز ہے۔ وہ بے چارہ داماد پرسی کا احسان کرتا ہے اور داماد ایسے سسرال سے بیزار ہوتے جا رہے ہیں۔ وہ یہی کہتے ہیں کہ،

مجھ پہ احسان جو کرتے تو احسان ہوتا

(۳) جنس ہنر بیچتا ہوں

شوکت تھانوی

عین اس وقت جب بیروز گاری سے تنگ آکر یہ فیصلہ کر رہے تھے کہ نمائش میں ایک اسٹال لے کر چاٹ کی دوکان کھولیں اور دہی بڑے بیچ کر کسی طرح پیٹ تو پالیں۔ مرزا صاحب نے آکر ملازمت کا مژدہ سُنایا۔ سوکھے دھانوں پر پانی برسا۔ جی چاہا مرزا کے قدموں پر گر کر مارے شکر گزاری کے جان دے دیں۔ کہاں ملتے ہیں کسی کو ایسے دوست جو سیہ بختی میں بھی ساتھ نہ چھوڑیں اور وقت پر یوں کام آئیں۔ ایک تو ملازمت ڈھونڈھی پھر وہ بھی ایسی ملازمت کیوں ریاست کہیے اس کو۔ سو روپیہ ماہوار تنخواہ، کھانا نواب صاحب کے ساتھ اُن ہی کے دستر خوان پر، رہنے کا مکان۔ سواری میں موٹر۔ خدمت کے لیے نواب صاحب کے بے شمار خدمت گار موجود اور کام صرف یہ کہ نواب صاحب کے کلام پر اصلاح دے دیا کریں۔ گویا استاد شہ۔ جس سے غالب کی بھی یہ تاب، یہ مجال اور یہ طاقت نہ تھی کہ پر خاش کا خیال کرتے۔ دیر تک تو یہ یقین ہی نہیں آیا کہ مرزا جو کچھ کہہ رہے ہیں وہ سچ ہے اور جب یقین آیا اور ان کا شکریہ ادا کرنا چاہا تو وہ ہوا کے گھوڑے پر سوار نظر آئے۔

"یعنی عجیب منحوس ہو۔" میں نواب صاحب سے کہہ آیا ہوں کہ ابھی لا رہا ہوں تم کو اور تم ہو کہ منہ اٹھائے بیٹھے ہو چغد کی طرح۔ کپڑے پہن کر چلو نا میرے ساتھ پھر ان کے حرم سرا میں جانے کا وقت آجائے گا۔

جلدی جلدی کپڑے بدلے اور ہر چند کہ سو پشت سے آبا کا پیشہ کچھ سپہ گری ہی کی قسم کا تھا مگر آج چوں کہ شاعری ذریعہ عزت بن رہی تھی لہٰذا اپنے کو اپنے نزدیک بڑا استاد السلطان بنا کر مرزا کے ساتھ ہو لیے۔ راستہ بھر مرزا آداب دربار سمجھاتے رہے اور بار بار یہ اصرار کہ ذرا لیے دیے رہنا اپنے کو گرا پڑا ثابت نہ کرنا۔ کلام کی فرمائش ہو تو ذرا کوئی ٹھاٹھ دار چیز سُنانا اور پڑھنے کا انداز ایسا ہو کہ جھوم ہی تو جائیں سب۔ ہم ایک ایک بات گرہ میں باندھتے ہوئے آخر نواب صاحب کی کوٹھی کے دروازے پر جا پہنچے۔ یہاں مرزا نے آخری مرتبہ ہم کو سر سے پیر تک دیکھا اور ہر طرح کا اطمینان کرنے کے بعد آخری بات سمجھاتے ہوئے کہا، "اگر اتفاق سے نواب صاحب بہادر اپنا کلام سُنانے خود بیٹھ جائیں تو خواہ وہ کتنا ہی مہمل ہو مگر تم داد دینے میں زمین آسمان کے قلابے ملا دینا۔" اور اس آخری ہدایت کے بعد وہ ہم کو لے کر کوٹھی میں داخل ہو گئے۔

کوٹھی کے سبزہ زار پر اس وقت دربار لگا ہوا تھا، کرسیوں پر حاضرین بیٹھے ہوئے تھے اور صدر میں ایک تخت پر ابوالہول کی نسل کے ایک بزرگ گاؤ تکیہ کا سہارا لیے اپنے شفاف سر پر خدمت گار سے تیل کی مالش کروا رہے تھے کہ مرزا صاحب نے پہنچ کر فرشی سلام کرتے ہوئے کہا، "حضور والا دیکھئے، آخر میں لے ہی آیا خنجرؔ صاحب کو، شاگردوں کا ایک جم غفیر تھا اور اصلاح دینے کا سلسلہ جاری تھا مگر حضور کا نام لیا تو بیچارے سب کچھ چھوڑ کر چلے آئے۔"

ہم نے بھی فرشی سلام کیا۔ نواب صاحب نے بمشکل تمام اپنا بوجھ خود اٹھا کر ذرا سا ابھرتے ہوئے فرمایا، "تشریف رکھیے۔ آپ کی بڑی تعریف سنی ہے مرزا صاحب سے، تو آپ کس قسم کے شعر بناتے ہیں؟"

ایک دم چکر سا آ گیا یا اللہ، "یہ شعر بنانا" کیا ہوتا ہے۔ مگر شکر ہے کہ مرزا صاحب

ہماری طرف سے بول رہے تھے، "حضور، مانے ہوئے استاد ہیں یہ، ہر قسم کے شعر لاکھوں کی تعداد میں کہہ کر شاگردوں کو بانٹ چکے ہیں اور خود بھی تو تین چار دیوان اپنے ہی ہیں۔"

نواب صاحب نے یکمشت چھ سات پان اپنے تنور نما منہ میں ٹھونستے ہوئے فرمایا، "بھئی خود ان کو بھی تو بولنے دو، کیا بتایا تھا تم نے لقب آپ کا۔"

مرزا نے کہا، "حضور لقب نہیں تخلص۔"

حاضرین دربار میں سے ایک صاحب بولے، "وہ بھی ایک قسم کا لقب ہوا نا۔"

ہم نے جلدی سے عرض کیا، "اس خاکسار کو خنجر کہتے ہیں۔"

نواب صاحب نے اگلدان میں منہ ڈالتے ہوئے فرمایا، "خنجر ٹھیک، مطلب یہ کہ قتل کرتے ہوں گے آپ اپنی چیزیں سُنا سُنا کر لوگوں کو۔ اچھا تو پھر ہو جائے کوئی پھڑکتی ہوئی چیز۔ کیوں بھائی دلاور خان کیا صلاح ہے۔"

دلاور خان نے کہا، "کوئی حقانی چیز رہے استاد۔"

نواب صاحب نے کہا، "اماں تم تو ہو نرے گھامڑ۔ حقانی چیز کا بھلا کون سا موقع ہے، نہ جمعہ نہ جمعرات۔ اُستاد آپ تو کوئی عاشقانہ چیز سنائیں کہ طبیعت لوٹ پوٹ ہو کر رہ جائے۔"

ایک اور صاحب بولے، "ہاں، یہ بات کہی ہے سرکار نے۔ تو پھر استاد شروع ہو جایئے۔"

ہم ابھی پس و پیش کر ہی رہے تھے کہ مرزا نے قہر آلود نگاہوں سے گھورا اور دانت پیس کر اشارہ کیا کہ سُناؤ اور یہاں عالم ہے کہ کوئی ایسی چیز سمجھ میں نہ آ رہی تھی جو اس محفل میں سُنائی جا سکے۔ آخر مرزا نے خود ہی کہا، "خنجر صاحب، اپنی وہ غزل سنایئے جس

پر مشاعرے میں تمغہ ملا تھا۔" وہ کیا ہے غزل، "گریباں نہ ہوا بیاباں نہ ہوا۔"

تمغہ ومغہ تو خدا نہ کرے کہ ملتا البتہ غزل اس زمین میں ضرور تھی، جان پر کھیل کر یہی غزل شروع کر دی۔ اب یہ عالم ہے کہ ہم غزل پڑھ رہے ہیں اور ہر شعر پر نواب صاحب "ہے ہے ہے" کر کے نہایت بدتمیزی سے ہنس رہے ہیں۔ یا کبھی کبھی گھٹنہ پر طبلہ بجانے لگتے ہیں۔ خدا خدا کر کے بمشکل تمام غزل ختم ہوئی۔ نواب صاحب نے داد دیتے ہوئے فرمایا، "یار مزہ آگیا۔ کیا مزے کی چیز سُنائی ہے۔ اچھا تو اس پر تمغہ ملا تھا؟"

مرزا نے کہا، "ایک تمغہ کیا۔ ان کا تو یہ حال ہے کہ جس مشاعرے میں پہنچ گئے بس اپنے سامنے کسی کا چراغ جلنے نہیں دیتے۔"

وہ صاحب جن کا نام دلاور خان تھا جھوم کر بولے، "اور آواز بھی اپنی قسم کی بڑی پاٹ دار ہے۔"

نواب صاحب نے کہا، "تو بھئی مرزا صاحب، تم وہ بات کر لو نا ان سے۔ بس ذرا یہ سمجھا دینا کہ اپنا ہی گھر سمجھ کر رہیں۔ ایمانداری اصل چیز ہے۔ یہ تو تم جانتے ہی ہو کہ اس ڈیوڑھی پر جو ایک دفعہ ملازم ہو گیا ہے پھر مر کر ہی نکلتا ہے۔"

مرزا صاحب نے کہا، "ایسے تو میں بات کر چکا ہوں مگر ان کو لے جا کر پھر فیصلہ کیے لیتا ہوں۔"

نواب صاحب نے کہا، "ہاں ساری بات صاف ہو جائے اور ہاں یہ طے کر لینا کہ پھر کسی اور کو شاگردی میں نہیں لے سکتے۔"

مرزا صاحب نے ہم کو اٹھنے کا اشارہ کرتے ہوئے کہا، "میں ابھی سب کچھ سمجھائے دیتا ہوں۔"

ہم دونوں اٹھ کر کوٹھی کے ایک علاحدہ کمرے میں پہنچ گئے تو ہم نے اِدھر اُدھر

دیکھ کر کہا، "مرزا صاحب مجھ کو تو سخت وحشت ہو رہی ہے۔ یہاں کس طرح نباہ کر سکوں گا ان لوگوں سے۔"

مرزا صاحب نے کھا جانے کے انداز میں کہا، "کیا مطلب؟ کون سی بات ایسی ہوئی جس سے وحشت ہوئی آپ کو۔"

ہم نے حیرت سے کہا، "یعنی کمال کرتے ہیں آپ، جہاں تخلص کو لقب کہا جائے۔ جہاں شعر کہنے کو شعر بنانا کہا جائے، جہاں ایک شاعر سے حقانی اور عاشقانہ چیز سننے کی فرمائش ہو، جہاں بد تمیزی سے ہنس ہنس کر شعر سنے جائیں اور سن سن کر گھٹنے پر طبلہ بجایا جائے اور جہاں بجائے کلام کے آواز کے پاٹ دار ہونے کی داد دی جائے وہاں آپ کے نزدیک وحشت بھی نہ ہو کسی کو۔"

مرزا صاحب نے بگڑ کر کہا، "بس تو پھر جانے دو، بڑے شاعر بنے پھرتے ہیں، وہی مثل کہ گھر میں نہیں دانے اور اماں چلیں بھنانے، روٹیوں کا سہارا جو نظر آیا تو دماغ میں لگا کیڑا رینگنے، تم تو اسی قابل ہو کہ جوتیاں گھسیٹتے پھرو، مگر کان کھول کر سُن لو کہ اب مجھ سے کبھی اپنی بے روزگاری کا رونا رونے نہ بیٹھنا۔"

ہم نے خوشامد سے مرزا کو سناتے ہوئے کہا، "بھئی خفا نہ ہو، تم کو کیا پتہ تمہاری اس ہمدردی کا میرے دل پر کتنا اثر ہوا، مگر میں تو یہ کہہ رہا تھا کہ آخر ان نواب صاحب کے کہیں آس پاس بھی شاعری ہے یا میں اصلاح ہی دوں گا۔ جو شخص تخلص اور لقب تک کی تمیز نہ رکھتا ہو وہ کیوں کر شاعر بن سکتا ہے جس کو شعر سننا نہ آتا ہو وہ شعر کہہ کیوں کر سکے گا۔"

مرزا نے ڈانٹا، "پھر وہی۔ میں پوچھتا ہوں تم کو آم کھانے سے مطلب ہے یا پیڑ گننے آئے ہو۔ تمہاری بلا سے وہ شاعر بنیں یا نہ بنیں۔ کمال تو تمہارا یہی ہے کہ تم ان کو اسی

مغالطہ میں رکھو کہ وہ شاعر بن گئے ہیں۔ بھائی تم نوکری کرنے آئے ہو، کچھ نہ کچھ تو قیمت دینا ہی پڑتی ہے۔ آخر اب اگر اس نازک مزاجی سے کام لوگے تو کر چکے نوکری تم، میں تو یہ کہتا ہوں کہ عیش کروگے عیش یہاں اور اگر ذرا عقلمندی سے کام لیا تو یہ سب بیوقوف تمہاری مٹھی میں رہیں گے۔"

طبیعت کسی طرح گوارانہ کرتی تھی مگر یہ بھی واقعہ تھا کہ روزگار کی اور کوئی صورت بھی نہ تھی۔ ایک طرف اگرچہ صحبت ناجنس تھی تو دوسری طرف بے فیل ہم جنس جن میں سے ہر ایک قحط زدہ فاقہ مست۔ آخر ہم نے مرزا سے کہہ دیا کہ "اچھا بھائی مقدر آزمائیں گے یہاں بھی۔ جاؤ کہہ دو نواب صاحب سے کہ ہم راضی ہیں۔"

مرزا نے پیٹھ ٹھونکتے ہوئے کہا، "یہ پس وپیش نہایت احمقانہ تھا۔ ظاہر ہے کہ بیوقوف تو ہوتے ہی ہیں یہ لوگ اور خوش نصیب ہے وہ جس کو بنے بنائے چغد مل جائیں۔ تم کو تو چاہیے کہ نواب صاحب کو ایسا اپنے شیشے میں اُتارو کہ پانچوں انگلیاں گھی میں ہوں۔ آؤ بس یہ ٹھیک ہے اور میں نے بھی کچھ سمجھ کر ہی یہ صورت پیدا کی ہے۔"

مرزا صاحب نے اُسی وقت نواب صاحب سے جاکر کہہ دیا کہ تمام معاملات طے پاگئے اور خنجر صاحب اب اسی وقت سے آپ کے یہاں رہیں گے۔ یہ سنتے ہی نواب صاحب نے خدمت گار کو مٹھائی اور پھول پان لانے کا حکم دیا کہ شاگردی استادی کی رسم ادا ہو جائے اور ہم سے کہا،

"استاد، اب کوئی اچھا سا، وہی کیا نام اس کا تلفظ؟"

مرزا صاحب نے بات کاٹ کر کہا، "آپ کا مطلب ہے تخلص۔ خنجرؔ صاحب ابھی کہہ رہے تھے کہ نواب صاحب کے لیے تخلص کوثرؔ اچھا رہے گا۔"

نواب صاحب نے چونک کر کہا، "یہ کیسے ہو سکتا ہے، ہماری بیگم کی چھوٹی بہن کا نام

ہے یہی۔"

ہم نے کہا، "دیوان حافظ سے تخلص نکالا جائے آپ کے لیے۔"

نواب صاحب نے تعجب سے پوچھا، "کون سے دیوانے حافظ؟ حافظ عبد الغفور تو نہیں۔ وہ تو آج کل باہر ہیں۔"

مرزا صاحب نے کہا، "کیوں خنجرؔ صاحب ساقی کیسا رہے گا۔"

نواب صاحب نے اچھل کر کہا، "بھئی یہ ٹھیک ہے۔ کیوں استاد، بڑا بانکا تخلص ہے ساقیؔ۔"

ہم نے عرض کیا، "بالکل ٹھیک، نہایت اچھا تخلص ہے اور بڑا مبارک ہے۔"

نواب صاحب نے خوش ہو کر کہا، "تو اب ہمارا پورا نام ہوا نواب عبد الکریم خاں ساقیؔ، مزہ آگیا یار۔"

اس عرصہ میں ملازم مٹھائی اور پھولوں کے ہار لے کر آگیا۔ نواب صاحب نے اپنے ہاتھ سے ہمارے گلے میں ہار ڈالا اور ہم نے اپنے ہاتھ سے نواب صاحب کو مٹھائی اور قند دیتے ہوئے کہا، "خدا آپ کو شیریں کلام بنائے۔"

حاضرین نے "آمین" کا نعرہ کورس میں بلند کیا اور سب نے نواب صاحب کو مبارک باد دی۔ نواب صاحب نے اسی وقت اکاون روپے اور ایک قلمدان ہم کو مرحمت فرماتے ہوئے کہا، "لو استاد، یہ استادی کا قلمدان ہے، اب ہم شاگرد اور تم استاد۔ اب لگے ہاتھ مشاعرہ تو کر ڈالو جلدی سے جیسا نواب نکاری کے یہاں ہوا کرتا ہے۔"

اب سمجھ میں آئی اس شاعری کے شوق کی وجہ کہ یہ سب کچھ نواب صاحب نکاری کی چوٹ پر ہو رہا ہے۔ وہ ایک پڑھا لکھا صاحب ذوق رئیس، دن رات اس کے یہاں بھی یہی علمی ادبی چرچے۔ اچھا خاصا شعر وہ کہتا ہے، آپ چلے ہیں اس کی نقل اتارنے۔ مگر

اب تو کرنا ہی تھا مشاعرہ۔ اخراجات کی منظوری لی جو نہایت دریا دلی سے دی گئی۔ طرح مقرر کی، دعوت نامے چھپوائے۔ شعرائے کرام سے وعدے لیے اور سب سے بڑی بات یہ کہ اپنے نواب صاحب کے لیے بھرپور غزل کہی۔ مگر خدا جانتا ہے کہ غزل کہنے میں اتنی محنت نہیں پڑتی جتنی محنت نواب صاحب کو پڑھنے کی مشق کرانے میں کی۔ ضد یہ تھی کہ گا کر پڑھوں گا اور عالم یہ کہ ایسے بے سرے سے کبھی سابقہ نہ پڑا تھا۔ بمشکل تمام ایک ہفتہ تک شب و روز محنت کر کے موزونیت، تلفظ اور لے کر طرف سے تو تھوڑا بہت اطمینان ہو گیا مگر آواز تو ظاہر ہے جیسی تھی ویسی ہی رہی۔

اس ایک ہفتہ میں معلوم ہوتا تھا کہ اچھے خاصے بینڈ ماسٹر ہو کر رہ گئے ہیں۔ نواب صاحب غزل پڑھ رہے ہیں اور ہم ان کے سامنے کھڑے ہوئے ہاتھ سے اتار چڑھاؤ سمجھا رہے ہیں۔ خدا خدا کر کے مشاعرے کی رات آئی۔ نواب کی کوٹھی پر جشن کا سماں تھا اور معلوم ہوتا تھا کہ نواب صاحب دولھا بنے بیٹھے ہیں۔ شہر کے تمام اعلیٰ حکام روسا اور شعراء میں سے تمام نامی گرامی شاعر محفل میں موجود۔ لیجئے مشاعرہ شروع ہو گیا اور بڑی کامیابی کے ساتھ اس وقت تک جاری رہا جب تک شمع محفل نواب صاحب کے سامنے نہیں آئی۔ اب جو ہمارے خداوند نعمت کی باری آئی تو ایک تو جناب کی قطع اس پر سے گھبراہٹ پھر مصیبت بالائے مصیبت یہ کہ طرز بھول گئے جو صاحب پہلے پڑھ رہے تھے اُن ہی کی دھن میں شروع ہو گئے اور وہ بھیانک آواز نکالی کہ لاکھ ضبط سے کام لیا پھر بھی لوگوں کی ہنسی نہ رُکی۔ بمشکل تمام اس طوفان کو رکوایا تو کسی بد تمیز سخن فہم نے داد دیتے ہوئے کہہ دیا، "کیا کہنا ہے خنجرؔ صاحب رنگ چھپائے نہیں چھپتا۔" لاکھ عقل کے نیلام کنندہ سہی مگر یہ چوٹ سمجھ گئے اور تیور بگڑ گئے۔ سونے پر سہاگہ یہ ہوا کہ بحیثیت استاد کے آخر میں جو غزل ہم نے پڑھی تو وہ اتفاق سے خوب چلی چھتیں اڑ گئیں۔ دھویں پار

ہو گئے۔ نتیجہ اس کا یہ ہوا کہ مشاعرہ تو خیر ختم ہو گیا مگر شامت آئی ہماری۔ فوراً طلبی ہوئی اور اب جو دیکھتے ہیں تو نواب صاحب پھولے اور سوجے بیٹھے ہیں۔ ہم کو دیکھتے ہی برس پڑے،

"کیوں صاحب، یہی ہے آپ کی وفاداری کہ آپ نے میرے ساتھ یہ سلوک کیا، آپ کا قصور نہیں ہے یہ خطا ہے میرے نمک کی، میرا مذاق اُڑوایا لوگوں سے کہتے پھرے کہ میں نے غزل لکھ کر دی ہے۔"

عرض کی، "توبہ، توبہ، بھلا یہ کیوں کر ممکن تھا مجھ سے۔ یہ آپ سے کس نے کہا۔"

نواب صاحب نے آنکھیں نکال کر، "کہتا کون؟ میں نے خود سنا کہ لوگ آپ سے پکار پکار کر کہہ رہے تھے کہ رنگ چھپائے نہیں چھپتا۔ اس کا کیا مطلب تھا آخر، پھر یہ کہ اپنی غزل ایسی تگڑی بنائی اور میری ایسی پھسپھسی۔"

عرض کیا، "یہ بھی جناب والا کا خیال۔ کسی سخن فہم کے سامنے دونوں غزلیں رکھ دیجیے کہ کون سی غزل اچھی ہے۔ میں نے تو خود غزل کے اچھے شعر آپ کے لیے نکال دیے تھے اور کمزور شعر اپنے لیے رکھ لیے تھے۔"

نواب صاحب نے کہا، "یہ سب کہنے کی باتیں ہیں۔ یہی بات ہوتی تو آپ کی غزل کیوں اچھلتی اس قدر اور میری غزل کا کیوں مذاق اڑتا اتنا۔"

اب یہ بات نواب صاحب کو کیوں کر سمجھائی جا سکتی تھی کہ مذاق غزل کا نہیں بلکہ خود آپ کا اڑا ہے۔ آخر عاجز آکر عرض کیا، "بہرحال آئندہ سے میں خود مشاعرہ میں غزل نہیں پڑھوں گا۔"

غالباً نواب صاحب یہی چاہتے تھے سمجھاتے ہوئے بولے، "اب دیکھئے نا، آپ کو تنخواہ تو اسی بات کی ملتی ہے کہ ہم نے آپ کی شاعری کو گویا خرید لیا ہے آپ نے کسی

زر دوزی کا کام کرنے والے کو یہ نہ دیکھا ہو گا کہ وہ خود زر دوزی کا لباس پہنے۔ آپ نے کسی دھوبی کو نہ دیکھا ہو گا کہ وہ اپنے کپڑوں پر استری کر کے پہنے اور گاہکوں کے کپڑے رہنے دے۔ آپ نے کسی بڑھئی کو نہ دیکھا ہو گا کہ وہ اپنے لیے میز کرسیاں بنائے۔ یہ سب کچھ وہ بناتے ضرور ہیں مگر بیچنے کے لیے۔ اسی طرح آپ بھی کاریگر ہیں۔ آپ بھی شعر بنائیے مگر اپنے لیے نہیں، اب خود اپنا شاعر ہونا بھول جائیے۔"

دلاور خان نے ہاں میں ہاں ملائی، "اور نہیں تو کیا۔ میاں تم اپنے بچوں کا خیال کرو، یہ تو سب امیروں رئیسوں کے شوق ہیں، شاعر بنو گے تو کیا کھاؤ گے؟"

اور سب نے بھی قائل کیا اور آخر ہم خاموش ہو گئے۔ نتیجہ یہ کہ اب ہم کو شعر گوئی کی قطعاً اجازت نہیں جو کچھ کہیں وہ نواب صاحب کا۔ خود نہ کسی مشاعرے میں شرکت کی اجازت نہ کسی رسالے میں کلام بھیجنے کا اختیار۔ البتہ کہتے رہتے ہیں دن رات اور خدا کے فضل سے نواب صاحب کا تیسرا دیوان آج کل پریس میں ہے۔ اس دیوان کے ہر مصرعہ کے اعداد نکالنے سے ہماری تاریخ وفات نکلتی ہے۔ ویسے خدا نے واقعی ہمیں جنت نصیب کر رکھی ہے۔

(۴) گواہ

رشید احمد صدیقی

گواہ قرب قیامت کی دلیل ہے۔ عدالت سے قیامت تک جس سے مفر نہیں وہ گواہ ہے۔ عدالت مختصر نمونہ قیامت ہے اور قیامت وسیع پیمانے پر نمونہ عدالت۔ فرق صرف یہ ہے کہ عدالت کے گواہ انسان ہوتے ہیں اور قیامت کے گواہ انسانی کمزوریاں یا فرشتے۔

بہر حال عدالت کو قیامت اور قیامت کو عدالت کی جو شان امتیاز حاصل ہے، وہ تمام تر گواہوں کے دم سے ہے۔ جیسا کہ سنتے ہیں آرٹ کی نمود عورت کی نمائش سے ہے۔ گواہ عینی ہو یا سماعی، روایتی ہو یا پیشے ور، ہر حال میں گواہ ہے، اسلئے ہر حال میں خطرناک گواہ جھوٹا ہو یا سچا عدالت کے لیے اسکا وجود اتنا ہی ناگزیر ہے جتنا برطانوی اقتدار کے آئی۔ سی۔ ایس کا وجود، جس طرح عدالت کی کمزوری گواہ ہے اسی طرح برطانیہ کی کمزوری آئی۔ سی۔ ایس

غالب نے انسان کو "محشر خیال" قرار دیا ہے۔ اسکے بارے میں میرا خیال یہ ہے کہ یہ شاید کسی گواہ ہی کے تصور سے ہو گا جسکے بیان پر غالب کو اپنے عہد شاعری کا کچھ حصہ جیل خانے میں گزارنا پڑا تھا۔ ایک گواہ کے تصور کے ساتھ ہمارے ذہن سے کتنے حالات اور حوادث گزر جاتے ہیں۔ پولس، گاؤں، تھانہ، حوالات، کچہری، جیل خانہ، جسکے مجموعے کا نام باغیوں نے "ہندوستان" اور وفاشعاروں نے "حکومت" رکھا ہے۔

اصول یہ رکھا گیا ہے کہ ہر انسان پیدائشی جھوٹا ہے اور ہر گواہ اصولاً سچا، کوئی واقعہ کیوں نہ ہو۔ جب تک کوئی گواہ نہ ہو اسکا عدم یا وجود یکساں ہے، لیکن اسکے ساتھ یہ بھی ناممکن ہے کہ اصولاً یا قانوناً واقعہ متعلقہ کا کوئی گواہ نہ ہو لیکن جس طرح فترت خلا محض متنفر ہے، اسی طور پر زابطہ فوجداری سے متعلق جتنے حالات یا حوادث ہو سکتے ہیں انکو بھی "تنہائی محض" سے متنفر ہے۔ جس طرح ہر خلا کو پر کرنے کے لیے ہوا یا اسکے بعض متعلقات دوڑ پڑتے ہیں اسی طرح ہر موقعہ واردات پر پولس اور اسکے گواہوں کا پہنچ جانا بھی لازمی ہے۔ اس تگ و تاز میں اکثر "واردات" سے پہلے گواہ پہنچ جاتے ہیں، ٹھیک اسی طور پر جس طور پر کہ اکثر پولس واردات کے بعد پہنچنا زیادہ بہتر سمجھتی ہے۔ قومی تنزلی کی مانند گواہ بھی ہر جگہ پھیلا ہوا ہے، لیکن جس طور پر قومی تنزل کے دریافت یا اکتشاف کے لیے ایک لیڈر کی ضرورت ہے اسی طور پر گواہ پیدا کرنے کی ایک تھانیدار یا وکیل کی ضررت ہے۔

جس طرح مولوی وعظ کہنے سے پہلے "کلوا واشربو" کے مسئلے پر غور کرتا ہے، اسی طرح ایک تھانیدار یا وکیل کسی واقعہ یا حادثے کی تفتیش شروع کرنے سے پہلے گواہ کے ملنے یا نہ ملنے کے امکان پر غور کرنے لگتا ہے۔ گواہ کا ملنا یا پیدا کرنا نہایت آسان ہے، اتنا ہی آسان جتنا بعض حضرات کے لیے اولاد پیدا کرنا لیکن اولاد کی پرورش اور نگہداشت کی مانند گواہ کا نباہ اور رکھ رکھاؤ بھی کافی مشکل اور ذمہ داری کا کام ہے۔ کھانا پینا، کپڑا لتا، تعلیم و تربیت دونوں کے لیے ازبس لازمی ہے۔

کوئی واقعہ بجائے خود کوئی اہمیت نہیں رکھتا، اسکی تمام تر حیثیت گواہ پر ہے۔ ایک گواہ ڈکیتی کو صرف سرکا میں تبدیل کرا سکتا ہے، ٹھیک اسی طرح جس طرح بے حیائی کو آرٹ میں منتقل کی جا سکتی ہے۔ ضرورت صرف اسکی ہے کہ مدعی مکتدر ہو اور حاکم

عدالت اعلانات نوروز یا سالگرہ کا منتظر یا اگر آرٹ کا مسئلہ ہے تو پھر بیوی روشن خیال ہو اور میاں تہذیب یافتہ۔

جنگ یورپ کے زمانہ وزراء حرب یا دول متحارب کا مقولہ تھا کہ "آدمی اور سامان فراہم کر دو ہم فریق مخالف کی دھجیاں بکھیر دینگے۔" انکے مورث اعلیٰ ایک بزرگ آرشمیدش گزرے ہیں جن کا مقولہ تھا کہ مجھے "مرکز توازن" مل جائے تو تخت عرض الٹ دوں لیکن ان سب کے وارث آخری یا استاد اولیں پولس والوں کا دعویٰ ہے کہ ہم کو گواہ ملنے چاہئیں، پھر ہندوستان میں کوکین فروش ملیں گے اور نہ نان کوآپریٹر۔ ہر بلندی پر "یونین جیک" ہو گا اور ہر پستی پر "سلام علیک۔"

ہر فعل کے حسن و قبح کا مدار زمانہ حال کے معیار کے مطابق کرنے والے کے ستوت اقتدار پر منحصر ہے۔ ایک مقتدر شخص ایک بادشاہ کی مانند کسی جرم کا مرتکب نہیں ہو سکتا۔ شاید اسکا سبب صرف یہ ہو کہ اس پر جرم ثابت کرنے کے لیے گواہ نہیں مل سکتے لیکن بفرض محال ایسا ممکن بھی ہوا تو پھر اسی جرم کا مرتکب نہیں بلکہ آرٹ کا محسن و مفسر قرار دینگے۔ صرف گواہوں کی نوعیت بدل جائیگی۔ اکثر پولس کا کسی کو چالان کر دینا ہی ثبوت جرم کے لیے کافی ہے۔ اکثر ہندوستانی عدالت پولس کو وحی حیثیت دینے پر آمادہ ہوتی ہے جو حیثیت آئی۔ سی۔ ایس کو برطانوی حکومت تفویض کر چکی ہے یعنی دونوں عیب و کمزوریوں سے بالا و برتر ہیں۔

ہندوستانی افلاس و امراض کی مانند ہندوستانی گواہ بھی دنیا میں منفرد ہے۔ اگر اس صورتحال پر غور کیا جائے تو معلوم ہو گا کہ فی الحقیقت ہندوستانی گواہ کوئی دوسری چیز نہیں ہے بلکہ جس طور پر انگریزی اقتدار اور انگریزی تجارت ایک ہی چیز ہے اسی طور پر ہندوستانی گواہ ہندوستانی افلاس اور امراض بھی ایک ہی چیز ہے جس طور پر ہر یورپین

پیدائشی فاتح ہے اسی طور پر ہر ہندوستانی پیدائشی سرکاری گواہ ہوتا ہے، ضرورت صرف اسکی ہے کہ بال بچوں کے بھوکے مرنے یا پولس والوں کی انتظامی دراز دستیوں کا نقشہ اسکے سامنے کھینچ دیا جائے۔ سرکاری گواہ اس منصف کی ہے جو ہر قسم کے قبہ اور متعفن خیالات کا اظہار کرتا ہے اور محض اس بنا پر قابل مواخذہ قرار نہیں دیا جا سکتا بلکہ قابل تحسین سمجھا جاتا ہے کہ اس نے آرٹ کی ترجمانی کی یا ہندوستان اور ہندوستانیوں کی توہین۔

لیکن جس طور پر ہندوستان پر حکمرانی کرنے کے لیے صرف ایک قوم بنائی گئی ہے، اسی طور پر گواہ بننے کی صلاحیت بھی صرف ایک طبقے میں خصوصیت کے ساتھ پائی جاتی ہے یعنی پٹواری جسکو گاؤں کا آئی۔ سی۔ ایس کہنا بھی بے محل نہیں ہے، فرق صرف یہ ہے کہ پہلا کھاتا ہے اور گراتا ہے اور دوسرا صرف کھاتا ہے اور لکھتا جاتا ہے۔ پٹواری کو گاؤں میں وہی حیثیت حاصل ہے جو وکیلوں کی عدالت میں یا مجرموں کی آفس میں ہوتی ہے یعنی یہ جو چاہیں کرسکتے ہیں، بشرطہ کہ یہ جو چاہیں انہیں ملتا بھی جائے۔

گواہ کی حیثیت سے ایک پٹواری کی حیثیت کسی طرح نظر انداز نہیں کی جاسکتی۔ جس طور پر بادشاہ سے کوئی جرم نہیں سرزد ہو سکتا اسی طور پر ایک پٹواری کی توہین نہیں ہوسکتی۔ پٹواری اسے خوب سمجھتا ہے، اور اسکے بعد اس حقیقت کو صرف ایک قومی لیڈر ہی سمجھ سکا ہے کہ جب تک حلوہ مانڈا ملتا جائے اس وقت تک توہین اور توقیر دونوں بے معنی الفاظ ہیں۔ جس طور پر ہندوستانی شادی اور اولاد ناگزیر سمجھتا ہے، اسی طرح ایک پٹواری اس امر کا قائل نہیں ہے کہ کسی نہ کسی وقت اسکو گواہی دینی پڑے گی۔ اسلئے وہ اپنے گندے بستے کے رجسٹروں میں ایسے اندراجات کرتا جاتا ہے "جو بوقت ضرورت کام آئیں۔" اس کے اندراجات صوفیانہ کلام کے مانند ایسے ہوتے ہیں جن کی تعبیر جس طرح چاہے کرلی جائے ہر حال میں مفید مطلب ہے۔

لالہ چرونجی لعل ایک گاؤں کے پٹواری اور گنگا دین ایک غریب کسان تھا۔ ایک مقدمے میں گنگا دین کو لالہ جی کی گواہی کی ضرورت پیش آئی۔ گنگا دین کی ملکیت ایک بوسیدہ چھپر تھا جسکی سیاہی اور فلاکتزدگی کی پردہ پوشی کاشی پھل اور کدو کی ہری ہری بیل، اور زرد و سفید پھول تھی اور صبح کی نئی نرم نرم کرنیں، چھپر کی پشت پر ارہر کا کھیت تھا اور سامنے گاجر گوبھی کی متعدد کیاریاں، ایک طرف اپلوں کا منڈپ تھا اور دوسری طرف کھاد اور کوڑے کرکٹ کا ایک گڈھا، گاؤں کا زمیندار کسانوں پر اتنا ہی جری تھا جتنا لالہ چرونجی لالہ سے خائف۔ گنگا دین کے پاس چند مویشیاں بھی تھیں جن میں اسکے گائے بیل، اور بیوی بچہ بھی شامل تھے۔

جہاں تک ہندوستانی کسانوں کا تعلق ہے یہ تمیز کرنا مشکل ہے کہ اسکے بال بچہ، مویشیاں ہیں یا مویشیاں بال بچہ۔ جب سے مقدمہ شروع ہوا تھا گنگا دین کی اپنی تمام آراضی، مقبوضات لالہ جی کے لیے وقف تھیں۔ ترکاری اور دودھ دہی لالہ جی کی مطبخ میں جاتی تھیں، گنگا دین چلم بھرتا تھا، بیوی للائن کی خدمت گزار تھیں اور گنگا دین کے لڑکے لڑکیاں لالہ جی کے بچوں کو کھلاتے تھے۔ یوں تو ہر پٹواری عدالت کا کیڑا ہوتا ہے جب تک وہ عدالت کی زیارت نہ کرلے اس کی زندگی بے کیف رہتی ہے لیکن گنگا دین کے مقدمے میں لالہ جی قطعاً بے نیاز معلوم ہوتے تھے۔ گنگا دین جب کبھی اس مسئلے کو چھیڑتا تو کہتے، بھائی دن برے ہیں اور تھانہ عدالت سے دور ہی رہنا اچھا ہے۔ پتا جی کا حال تو معلوم ہے، سچی بات پر جیل خانہ کاٹنا پڑا، کوئی سسرا آڑے نہ آیا۔ گنگا دین لالہ جی کے قدم پکڑ لیتا اور دبانا شروع کرتا۔ لالہ جی بھی پاؤں ڈھیلا رکھتے لیکن زبان سے "ہائیں ہائیں" کرتے جس طور پر ڈاکٹر یا وکیل جیب ڈھیلی کرتا جاتا ہے اور زبان سے اکثر مصنوعی اخلاق سے کہتا رہتا ہے، "ارے رے یہ آپ کیا کرتے ہیں۔" اصل یہ ہے کہ لالہ جی کی

نگاہیں گنگوا کی چھپر اور کھیت پر تھیں اور گنگوا کی اپنی بیوی بچوں پر۔ بالآخر لالہ جی کی فتح ہوئی اور گنگوا دستاویزی غلام ہوا۔ مقدمے کی تاریخ آئی اور لالہ جی اور گنگا دین عدالت کی طرف روانا ہوئے۔

عدالت کا راستہ شہر سے گزرتا تھا۔ اب لالہ جی کے قدم سست پڑنے لگے تھے۔ سامنے جوتے والے کی دوکان نظر آئی، لالہ جی کھڑے ہو گئے۔ فرمایا جوتا پرانا ہو گیا، ایک قدم چلنا دو بھر ہے۔ مہنگے سمے میں روز روز آنا تھوڑے ہی ہوتا ہے۔ گنگوا سمجھ گیا۔ لالہ جی نے جوتا خریدا، گنگوا نے دام دیے، اور دونوں دوست آگے بڑھے۔ ابھی کچھ دور ہی چلے تھے کہ بزازے کی دوکان آئی۔ لالہ جی یک لخت کھڑے ہو گئے اور اس طور پر گویا جوتے میں کنکری آگئی تھی اور اسے نکالنا چاہتے ہیں۔ پھر بولے، بھائی گنگوا اس پگڑی کے ساتھ عدالت میں گئے تو حاکم جلاد ہے، کھڑے کھڑے نکال دے گا اور تمہارا سارا کام کھٹائی میں پڑ جائیگا۔ گنگوا گھبرایا، کہنے لگا، لالہ جی دیر ہو رہی ہے، عدالت میں پکار ہوتی ہو گی۔ حرج کیا ہے واپسی میں لے لینا۔

لالہ جی نے غضبناک ہو کر کہا، خوب کہی، تمہاری کوڑیوں کی خاطر اپنی لاکھ روپے کی عزت تھوڑے ہی خاک میں ملا دینگے۔ جاؤ، ہم نہیں جاتے۔ ڈاکٹر گوکل پرشاد سے سارٹیفکیٹ لکھوا کر داخل کر دینگے کہ مسمی لالہ چرونجی لعل کو ہیضہ ہو گیا اسلئے عدالت میں حاضر نہ ہو سکا۔ گنگوا ہیضے کے خوش آیند امکان پر ابھی مسرور بھی نہیں ہوا تھا کہ لالہ چرونجی لعل بزاز کی دوکان کے بورڈ پر اس طور پر لیٹ گئے گویا ہیضہ کے جراثیم کا انتظار کر رہے ہیں۔ نوبت یہاں تک پہنچی کہ ایک تھان ململ کا خرید گیا۔

ابھی کچھ ہی دور گئے تھے کہ حلوائی کی دکان نظر آئی۔ لالہ جی کچھ اس طرح رکے گویا کوئی نہایت اہم چیز یاد آگئی تھی۔ فرمایا، وہ دیکھو، درگا جی کی پرساد لینا بھول گیا تھا۔

کسان عقیدتاً توہم پرست ہوتا ہے جیسے ہم آپ انسان پرست۔ ایک طرف تو اسکی نظر کے سامنے بیوی بچوں کا نقشہ پھر گیا دوسری طرف مقدمے کی کامیابی یاناکامیابی کا منظر سامنے آیا۔ اسنے کچھ نہیں کہا۔ کچھ غم و غصے سے کچھ عقیدت و مجبوری سے لالہ جی کو سیر بھر جلیبی دلوادی۔ یہ مرحلہ بھی طے ہوا۔ دو قدم ساتھ ساتھ کچھ دیر تک چلتے رہے۔ گنگوا کو یہ فکر تھی کہ لالہ جی کی سخت گیری کا یہی حال رہاتو دوپہر کے چبینے کے لیے بھی بہ مشکل چند پیسے بچیں گے۔ لالہ جی اس پر غور کر رہے تھے کہ گنگوا کے آخری پیسوں اور انکی حرص کا کیسے سدباب ہوناچاہیئے۔

معلوم نہیں اب تک گنگوا اپنے مسئلے پر صحت و قطعیت کے ساتھ غور بھی کرچکا تھایا نہیں۔ لالہ جی کے ذہن رسانے اپنے مسئلے کو غور و فکر کی کشاکش سے آزاد کرلیا۔ کہنے لگے اس پرواہوانے ناک میں دم کر رکھا ہے، مہینے بھر سے گٹھیا کا زور ہے، اگر تمہارا پیچ نہ ہوتا تو پرمیشور جانے اس حال میں کبھی گھر دوار نہ چھوڑتا۔ یہ کہتے کہتے انگوچھا بچھا ایک سایہ دار درخت کے نیچے لیٹ کر اس چلم کا انتظار کرنے لگے جو ایک گندہ خوانچہ والا بھر کر پینے والاہی تھا۔ خوانچے والے نے معزز مہمان کی توجہ کو لڈو، اور مرمروں کی طرف مائل کرناچاہا۔

جل کھاواہو جائے۔ ذرادم لے لو۔ اس سمے کہاں چل پڑے۔ گنگوا کا یہ حال کہ بس چلتا تو لالہ جی، خوانچے والے اور خوانچہ سب کو پاس کے کنویں میں جھونک دیتا، لیکن مجبوری وہ بلا ہے جو شاہ و گدا دونوں کے غصہ و غضب کو ٹھنڈا کر دیتی ہے۔ کسان نے کہا، لالہ جی، ہم پر دیا کرو سورج دیوتا کہاں آئے، عدالت کب تک پہنچیں گے۔ لالہ جی نے بیرخی کے ساتھ کراہ کر جواب دیا، "بھیا اپنی جان کی سیوانہ کریں تو کون بھڑوا بال بچوں کو پالے گا۔ تم عدالت جاؤ، ہمارا تو پران نکسا جات ہے۔"

"ارے، باپ رے۔" خوانچہ والا بولا، "ارے بھائی کا جی اچھا نہیں ہے، دھیرج دھرو، یہ لو چلم پیو۔ کچھ جل کھاوا ہو جائے، عدالت میں بیان حلفی داخل کر دینا۔" لالہ جی پکارے، ارے دروغ حلفی میں جیل خانے کاٹے ہوت ہے۔ اس درمیان میں ایک خالی یکہ گزرا۔ خوانچہ والا بولا، ارے بھائی، لالہ جی کو اس میں کیوں نہیں بٹھا لیتا۔ ابھی گنگوا خوانچے والے کو دل ہی دل میں پوری گالیاں بھی نہ دے پایا تھا اور آنکھوں ہی آنکھوں میں کھائے جاتا تھا کہ دوسری طرف لالہ جی نے کروٹ بدلی۔ خوانچہ والا بولا، لالہ جی یہ لڈو، اور مرمرے کھا کر ٹھنڈا پانی پی لو۔ عدالت کا معاملہ ہے معلوم نہیں کب کھانے پینے کی نوبت آئے۔ لالہ جی نے خوانچہ والے کی فرمائش پوری کی۔ گنگوا چاہتا تھا کہ لالہ جی مرمرے کے بجائے خوانچہ والے ہی کو کھا جاتے تو زیادہ بہتر ہوتا۔ چار و ناچار چند پیسے خوانچہ والے کی نظر کیے اور دونوں احاطۂ عدالت میں پہنچ گئے۔

لالہ جی کی پکار ہوئی، انہوں نے پگڑی اور بستہ سنبھالا۔ چپراسی گردن میں ہاتھ دیکر ایک دشنام گلوگیر کے ساتھ جھونکا دیا تو لالہ جی گواہوں کے کٹہرے میں داخل تھے۔ شام تک سوال جواب ہوتے رہے۔ لالہ جی نے موافقت میں گواہی دی اور نہ مخالفت میں، اس دوران میں خود عدالت، وکلاء، فریقین، چپراسی، حاضرین، سب نے باری باری لالہ جی کو صلواتیں سنائیں، دھمکی دی، مارنے اور نکلوا دینے پر آمادہ ہوئے۔ جیل خانے بھیج دینے کی بھی بشارت دی گئی لیکن لالہ جی کے سامنے کسی کی پیش نہیں گئی۔

کچہری برخاست ہوئی، لالہ جی باہر نکلے۔ یکہ والوں کا ہجوم تھا۔ کسی پر ایک سواری تھی، وہ دو اور کی فکر میں تھا۔ کسی پر دو تھیں، وہ ایک کا منتظر تھا۔ اس دار و گیر میں لالہ جی برآمد ہوئے۔ سر پر نئی پگڑی، ایک بغل میں غیر فانی لیکن ہلاکت آفریں بستہ، دوسرے میں آج کا سارا مال غنیمت۔ چاروں طرف سے چابک بدست یکہ والوں نے گھیر لیا۔ ایک

نے بستہ چھین اپنے یکہ پر رکھ لیا، دوسرے نے پشتارۂ غنیمت اپنے قبضہ میں کیا۔ تیسرے نے خود لالہ جی کو پکڑ کر کھینچنا شروع کیا اور کچھ دور تک گھسیٹتا ہوا لے ہی گیا۔ اس رستخیز میں پگڑی نے سر سے مفارقت کی جسے چوتھے یکہ بان نے اپنے یکے پر رکھ لیا۔ یہ سب کچھ چشم زدن میں ہو گیا۔

اب جو دیکھتے ہیں تو میدان صاف تھا۔ سارے یکے والے چل دیئے تھے اور لالہ جی بیک بینی و دو گوش اس مسئلے پر غور کر رہے تھے کہ دنیا کا آئندہ آشوب کون ہو گا۔ پٹواری یا یکہ بان۔

(۵) گھاگ

رشید احمد صدیقی

گھاگ (یا گھاگھ) کی ہیئت صوتی و تحریری اس کو کسی تعریف کا محتاج نہیں رکھتیں۔ الفاظ کے شکل اور آواز سے کتنے اور کیسے کیسے معنی اخذ کیے گئے ہیں۔ لسانیات کی پوری تاریخ اس پر گواہ ہے۔ کبھی کبھی تلفظ سے بولنے والے کی نسل اور قبیلہ کا پتہ لگا لیتے ہیں۔ گھاگ کی تعریف منطق یا فلسفہ سے نہیں تجربے سے کی جاتی ہے۔ ایسا تجربہ جسے عقلمند سمجھ لیتا ہے۔ بے وقوف برتنا چاہتا ہے۔

گھاگیات کا ایک اصول یہ ہے کہ قضیئے میں فریق سے بہتر قاضی بننا ہے۔ جھگڑے میں فریق ہونا خامی کی دلیل ہے۔ حاکم بننا علقمندوں کا شعار ہے۔ اگر ہر ایجاد کے لیے ایک ماں کی ضرورت ہے تو ہر ضرورت کے لیے ایک گھاگ لازم آتا ہے۔ گھاگ موجود نہ ہوتا تو دنیا سے ضرورت کا عنصر مفقود ہو جاتا اور "طلب محض ہے سارا عالم" کا فلسفہ انسداد توہین مذاہب کے قانون کی مانند ناقص ہو کر رہ جاتا۔ گھاگ کا کمال یہ ہے کہ وہ گھاگ نہ سمجھا جائے۔ اگر کوئی شخص گھاگ ہونے کا اظہار کرے یا بقول شخصے "مار کھا جائے" تو وہ گھاگ نہیں گھاگس ہے اور یہ گھاگ کی ادنی قسم ہے۔ ان میں امتیاز کرنا دشوار بھی ہے آسان بھی۔ جیسے کسی روشن خیال بیوی کے جذبۂ شوہر پرستی یا کسی مولوی کے جذبۂ خدا ترسی کا صحیح اندازہ لگانا۔

گھاگ کی ایک منفرد شخصیت ہوتی ہے وہ نہ کوئی ذات ہے نہ قبیلہ وہ صرف پیدا ہو

جاتا ہے لیکن اس کی نسل نہیں چلتی، روایت قائم رہتی ہے۔ ہر طبقہ اور جماعت میں کوئی نہ کوئی گھاگ موجود ہوتا ہے۔ معاشرہ، مذہب، حکومت، غرض وہ تمام ادارے جن سے انسان اپنے آپ کو بناتا بگاڑتا یا ڈرتا ڈراتا رہتا ہے کسی نہ کسی گھاگ کی دستبرد میں ہوتا ہے۔ وہ جذبات سے خالی ہوتا ہے اور اپنے مقصد کے حصول میں نہ جاہل کو جاہل سمجھتا ہے نہ عالم کو عالم۔ دانشمند کے سامنے وہ اپنے احمق اور احمق کے سامنے احمق تر ظاہر کرے گا جب تک وہ اپنے مقاصد میں کامیاب ہو سکتا ہے اس کو یہ پروا نہیں ہوتی کہ دنیا اس کو کیا کہے گی۔ وہ کامیابی ہی کو مقصد جانتا ہے، وسیلے کو اہمیت نہیں دیتا۔

گھاگ کا سوسائٹی کے جس طبقے سے تعلق ہوتا ہے اسی اعتبار سے اس کی گھاگیت کا درجہ متعین ہوتا ہے نچلے طبقے کا متوسط طبقے اور متوسط طبقے کا اعلیٰ طبقے کے گھاگ پر فوقیت رکھتا ہے اس لیے کہ موخر الذکر کو اول الزکر سے کہیں زیادہ سہولتیں میسر ہوتی ہیں۔ یہاں تک کہ وہ گھاگ نہ بھی ہوں جب بھی اپنی دولت اور اثر سے کام نکال سکتے ہیں۔ ان سے کم درجہ والے کو اپنی گھاگیت کے سوا کچھ اور میسر نہیں ہوتا۔ مثلاً گھاگ ہونے کے اعتبار سے ایک پٹواری کا درجہ کسی سفیر سے کم نہیں۔ بشرطیکہ سفیر خود کبھی پٹواری نہ رہ چکا ہو۔

سیاسی گھاگ کو قوم اور حکومت کے درمیان وہی حیثیت حاصل ہوتی ہے جو قمار خانے کے منیجر کو قمار بازوں میں ہوتی ہے۔ یعنی ہار جیت کسی کی نفع اس کا! وہ صدارت کی کرسی پر سب سے زیادہ ہار پہن کر تالیوں اور نعروں کی گونج میں بیٹھتا ہے۔ اور تحریر و تقریر میں پریس اور حکومت کے نمائندوں کو پیش نظر رکھتا ہے۔ کہیں گولی چلنے والی ہو یا دار ورسن کا سامنا ہو تو وہ اپنے ڈرائنگ روم یا کوہستانی قیام گاہ کو بہتر و محفوظ تر جگہ سمجھتا ہے۔ اس کے نزدیک قوم کی حیثیت نعش کی ہے۔ اس پر مزار تعمیر کرکے نذرانے

اور چڑھاوے وصول کیے جاسکتے ہیں۔ لیکن پیش قدمی کی ضرورت ہو تو اسے پاٹ کر راستے ہموار کیے جاسکتے ہیں۔ اپنے اغراض کے پیش نظر وہ نوحۂ غم اور نغمۂ شادی میں کوئی فرق نہیں کرتا۔ وہ حکومت سے خفیہ طور پر اور حکومت اس سے علانیہ ڈرتی ہے۔

گھاگ صرف اپنا دوست ہوتا ہے۔ کسی اور کی دوستی پر اعتبار نہیں رکھتا۔ موقع سے فائدہ اٹھاتا ہے موقع کو اپنے سے فائدہ نہیں اٹھانے دیتا۔ کبھی کبھی وہ اپنے کو خطرے میں بھی ڈال دیتا ہے لیکن اسی وقت جب اسے یقین ہوتا ہے کہ خطرے سے اس کو نہیں بلکہ اس سے خطرے کو نقصان پہنچے گا۔ وہ انتہا پسند نہیں ہوتا صرف انتہا پسندوں سے فائدہ اٹھاتا ہے۔ اس کی مثال ایک ایسی عدالتی ملے سے دی جاسکتی ہے جس کی رو سے متضاد فیصلے آسانی سے دیئے جاسکتے ہیں اور وہ فیصلے آسانی سے بحال بھی رکھے جاسکتے ہیں اور توڑے بھی جاسکتے ہیں۔

سیاسی گھاگ فیکٹری کے بڑے پہیے کی مانند ہوتا ہے بظاہر یہ معلوم ہو گا کہ صرف ایک بڑا پہیا گردش کر رہا ہے لیکن اس ایک پہیے کے دم سے معلوم نہیں کتنے اور کل پرزے گردش کرتے ہوتے ہیں۔ کہیں بھاری مشین تیاری ہوتی ہے کہیں نازک ہلکے ہلکے طرح طرح کے آلات۔ کہیں زہر کہیں تریاق کہیں برہنہ رکھنے کے لیے کپڑے تیار ہوتے ہوں گے کہیں بھوکا رکھنے کے لیے خرمن جمع کیا جارہا ہو گا۔ کہیں حفاظت کا کام در پیش ہو گا کہیں ہلاکت کے سامان فراہم کیے جارہے ہوں گے۔ گھاگ بولنے کے موقع پر سوچتا ہے اور چھینکنے کو صرف ایک جمائی پر ختم کر دیتا ہے وہ ضابطۂ فوجداری اور کتاب الٰہی دونوں کی طاقت اور کمزوری سے واقف ہوتا ہے۔ آرام کمرے میں بیٹھ کر جیل خانہ پر عذاب جھیلنے والوں سے ہمدردی کرے گا۔ کبھی کبھی وہ ملک الموت کی زد میں نہ ہو۔

وہ حکومت کے خطابات نہیں قبول کرتا لیکن خطاب یافتوں کو اپنے اثر میں رکھتا

ہے۔ کونسل اور کمیٹی میں نہیں بولتا لیکن کونسل اور کمیٹی میں بولنے والے اس کی زبان سے بولتے ہیں۔ وہ کبھی بیمار نہیں پڑتا لیکن بیماری اسی طرح مناتا ہے جس طرح دوسرے تعطیل مناتے ہیں اس کا بیمار ہونا در حقیقت اپنی صحت منانا ہوتا ہے۔ وہ ہر طرح کے جرم کا مرتکب ہوتا ہے لیکن ماخود کسی میں نہیں ہوتا۔ جرائم پیشہ ہوتا ہے سزا یافتہ نہیں ہوتا۔

مذہبی گھاگ کو مذہب سے وہی نسبت ہے جو بعض نوجوانوں کو اپنے والدین سے ہوتی ہے۔ وہ والدین کو اپنا کمزور اور مضبوط دونوں پہلو سمجھتا ہے۔ ایک طرف تو وہ ان کو حکام کے آستانوں پر حاضر ہو کر مرادیں مانگنے کا وسیلہ سمجھتا ہے دوسری طرف اگر وہ خود تعلیم یافتہ روشن خیال اور اسی طرح کی بیوی کا شوہر ہے اور والدین ذی حیثیت نہیں ہیں تو ان کو حکام عالی مقام کے چپراسی سے بھی چھپانے کی کوشش کرے گا۔ ضرورت پڑ جائے گا تو مذہب کا واسطہ دلا کر دوسروں کو ہندوستان سے ہجرت پر آمادہ کرے گا کسی اور موقع پر مذہب ہی کی آڑ پکڑ کر دارالحرب میں سود لینے لگے لگا۔ وہ تارک حوالات رہے گا۔ تارکِ لذت نہ ہوگا۔

ایک شخص کا کردار یوں بیان کیا گیا۔ پیش ملا قاضی پیش قاضی ملا۔ پیش ہیچ ہر دو و پیش ہر دو ہیچ۔ یعنی وہ ملّا کے سامنے قاضی بنا رہتا ہے اور قاضی کے سامنے ملّا۔ دونوں میں سے کسی کا سامنا نہ ہو تو دونوں حیثیتیں اختیار کر لیتا ہے اور دونوں موجود ہوں تو کہیں کا نہیں رہتا۔ یہ مقولہ گھاگس پر صادق آتا ہے۔ گھاگ ایسا موقع ہی نہیں آنے دیتا کہ "وہ کہیں کا نہ رہے" گھاگ کی یہ مستند پہچان ہے۔

دفعتاً حاجی بلغ العلیٰ وارد ہوئے اور آتے ہی بے ربط سوالات اور دوسرے اضطراری یا اختیاری اشغال سے ایک دم دھوم مچادی۔ کمرے میں داخل ہونے سے پہلے دور ہی سے سلام علیکم۔ کمبل بر دوش ریش بداماں، پوچھنے لگے، نظر کیوں نہیں آتے سگریٹ لاؤ۔ پانی

منگاؤ، آخر دیر کیا ہے، کھانا کھا چکے ہو، کچھ معلوم ہوا، کمیشن والے آج ٹینس کھیلیں گے یا ڈاکٹر ضیاء الدین صاحب کا بیان لیں گے۔ اچھا کوئی گانا سناؤ۔ "آمد شہزادہ ہے گلشن ہے سارا لکھنؤ!" ایک کرسی پر جا بیٹھے ٹھیک طور سے جگہ نہیں پکڑی تھی کہ کھڑے ہو کر دیوار پر آویزاں تصویر دیکھنے لگے لیکن جیسے تصویر دیکھنا نہیں وقت گزارنا نامداد نظر ہو۔ وہیں سے بات جست کی تو چارپائی پر دراز اور کمبل میں ملفوف چند لمحے کے بعد اٹھ بیٹھے جیسے کوئی بھولی بات یاد آگئی ہو۔ پھر یوں لیٹ گئے جیسے اس چیز کو اس کے ساتھ ساری کائنات کو صبر کر بیٹھے ہوں۔ پانی آیا، فرمایا نہیں دیا سلائی لاؤ۔ وہ آئی تو جلانے کے بجائے اس سے خلال کرنے لگے۔ کچھ کتابیں الٹیں۔ اخبار کے اوراق زیر وزبر کر ڈالے فرمایا یہ سب تو ہوا بتاؤ فلاں صاحب مکان پر ملیں گے۔ اور ہاں تم کچھ لکھ رہے تھے عرض کیا "گھاگ" فرمایا شیطنت سے باز نہ آؤ گے۔ اب دیکھتا ہوں تو حاجی صاحب صحن کے دروازے سے غائب ہوتے نظر آئے۔

جیسا کہ بیان کیا جا سکتا ہے ہر جماعت میں گھاگ ہوتے ہیں۔ یہاں تک کہ فرشتوں میں جب "مسللی و مدام" عبادت ہونے لگی تو مصلحت الٰہی نے آدم کو پیدا کیا۔ فرشتوں کا یہ کہنا کہ یہ صفحۂ ہستی پر فساد پھیلائیں گے گھاگ کی آمد کا پیش خیمہ تھا۔ جس طور پر کٹر ملحد اور دہریے کبھی کبھی کٹر موحد اور متقی ہو جاتے ہیں اسی طور پر فرشتوں کے معصوم طبقے میں ابلیس (گھاگ) پیدا ہوا۔ گدگم چشتی پر آدم وحوا سے باز پرس کی گئی۔ گھاگس تھے گھگھی بندھ گئی۔ اپنی خطا کا اس طرح اعتراف کیا جیسے اس پر ان کو قدرت حاصل تھی۔ گھاگ سے جواب طلب کیا گیا تو اس نے جواب دیا۔

"مجھے آخر کس نے گمراہ کیا" یہ سوال ارتکاب جرم سے زیادہ سنگین تھا۔ گھاگ اور گھاگس دونوں جلاوطن کئے گئے اور اس جہان میں پھینک دیئے گئے جہاں نبرد آزمائی کے

ہر ایک کو مساوی مواقع ملے جس کی طرف اقبال نے اشارہ کیا ہے،

مزی اندر جہان کور ذوقے

کہ یزدان دارد و شیطان ندارد

(٦) دلی جو ایک شہر ہے

فکر تونسوی

دہلی کا آواگون

کہتے ہیں دہلی کئی بار اجڑی اور کئی بار آباد ہوئی۔ اس کا مطلب یہ ہے ک دہلی کو اجڑنے اور آباد ہونے کا پرانا چسکا ہے۔ وہ اجڑنے کے لیے آباد ہوتی ہے اور آباد ہونے کے لیے اجڑتی ہے۔ یعنی آواگون کی تھیوری میں یقین رکھتی ہے۔

بار بار جنم لیتی ہے بار بار مرتی ہے۔ لیکن اس فرق کے ساتھ کہ بار بار اسی گھر میں جنم لیتی ہے جہاں سے اس کی ارتھی نکلتی ہے وہی روح وہی نام، وہی مقام۔۔۔ صرف چولا بدل لیتی ہے بلکہ کئی بار تو چولا بھی وہی ہوتا ہے، صرف اسے ڈرائی کلین کرا لیتی ہے، اس کا رنگ بدل دیتی ہے، اس پر نئے پھول اور بیل بوٹے کاڑھ لیتی ہے۔ شاید اپنے آپ کو دھوکا دینے کے لیے یا نئے نادر شاہ کو ترغیب دینے کے لیے کہ دیکھو میں کتنی پرکشش ہوں۔ آؤ اور میرے حسن کو لوٹ لو۔ میری مانگ اجاڑ دو کیونکہ میں اجڑنے کے لیے ہی پیدا ہوئی ہوں۔ میری بہار میری خزاں ہی کا عکس ہے۔ مجھے اجاڑ دو، لوٹ لو، مار دو کیونکہ میری موت ہی سے۔۔۔ زندگی کا پھول کھلتا ہے۔

دہلی۔۔۔ ایک اٹھارہ سالہ دوشیزہ

آج کی دہلی ایک ایسی دوشیزہ کی طرح ہے جس پر جوانی ٹوٹ ٹوٹ کر آتی ہے۔ اس سے آنکھ ملانے کے لیے سورج دیوتا کی سی آنکھ چاہیے اور مہرشی وشوامتر کا سا تقدس، ورنہ

ایمان بھرشٹ ہونے میں ایک سیکنڈ نہیں لگتا۔ ایک بار جو دہلی آگیا، وہ اس کی زلف کے جال سے نکل نہ سکا اور جو ابھی تک دہلی نہیں آیا، وہ دور بیٹھا اس کے فراق میں آہیں بھر رہا ہے اور کون جانتا ہے کہ وہ ایک آہ ایسی لمبی بھرے کہ خود بخود کھنچ کر دہلی تک آجائے۔ اور دہلی ریلوے اسٹیشن پر پہنچ کر پوچھے، "کیوں صاحب کیا دہلی یہی ہے؟"

اور اسے جواب ملے، "معاف کیجیے۔ مجھے فرصت نہیں، اور کسی سے پوچھ لیجیے۔"

کسان سے اسمگلر تک

اگر آپ ابھی دہلی نہیں آئے ہیں تو کسی نہ کسی بہانے جلد ہی آجائیں گے۔ کیونکہ دہلی آنے کے کئی بہانے ہیں۔ آپ کسی مظاہرے میں شامل ہو کر آجائیں گے تاکہ پارلیمنٹ کے سامنے آکر مظاہرہ کریں، جس کے ارد گرد عام طور پر دفعہ ۱۴۴ لگی رہتی ہے۔ وزیر اعظم کی کوٹھی کے باہر بھوک ہڑتال کرنے کے لیے آجائیں گے۔ گاؤں میں بھوکوں مر مر کر دہلی میں نوکری کرنے کے لیے آجائیں گے، کیونکہ یہاں کے گناہگار بھکاریوں کے کشکول میں پانچ دس پیسے کے سکے ڈال کر احساس گناہ کم کرنے کے بہت شوقین ہیں اور اگر آپ کے پاس دولت زیادہ ہے تو آپ دہلی کے اشوکا ہوٹل میں چائے پینے کے لیے آجائیں گے۔ جہاں پانچ روپے فی کپ چائے ملتی ہے اور جہاں کے بیرے مغل شہزادے لگتے معلوم ہوتے ہیں۔۔۔ اور اگر کوئی بہانہ نہ ملے گا تو آپ کوئی نہ کوئی چیز اسمگل کر کے دہلی لے آئیں گے۔ گھڑیاں، سونا، اناج، کپڑے، لڑکیاں، عورتیں، کیونکہ دہلی اسمگلروں کی بہت چہیتی منڈی ہے۔ جہاں گھڑی سے لے کر لڑکی تک ہر چیز بغیر رسید پرچہ کے منہ مانگے داموں بک جاتی ہے۔

غرض آپ کسی بھی بہانہ سے آئیں گے، جلد بادیر دہلی ضرور آئیں گے اور پھر یہیں کے ہو کر رہ جائیں گے۔ شادی کریں گے۔ بچے پیدا کریں گے، بچے پھر لکھ پتی

ہو جائیں گے یا صرف پتی، دونوں حالتوں میں دہلی آپ کو برداشت کرے گی۔

اجنبی باشندوں کی بستی

دہلی میں داخل ہونے کے کئی راستے ہیں اور ہر راستے سے ہر روز ہزاروں لوگ دہلی پر حملہ کرنے کے لیے داخل ہوتے ہیں اور پھر دہلی کے کوچہ وبازار میں یوں پھیل جاتے ہیں کہ دہلی ہی کے باشندے معلوم ہونے لگتے ہیں۔ ایک اجنبی حملہ آور اور دہلی کے مستقل باشندے میں تمیز کرنا انتہائی مشکل ہے۔

آپ یقین سے نہیں کہہ سکتے کہ ایک "پہاڑی چھوکرا" جو دہلی کے ایک ہوٹل میں برتن مانجھ رہا ہے، آٹھ سال سے دہلی میں مقیم ہے، یا آج صبح ہی بدایوں کے اڈے پر اترا ہے یا کافی ہاؤس میں جو سیاہ رنگ کا مدراسی جنٹل مین، سیاہ رنگ کا سوٹ پہنے سیاہ رنگ کی کافی پی رہا تھا، سنٹرل سکریٹریٹ میں گزشتہ دس سال سے کلرکی کر رہا ہے، یا آج ہی مدراس میل سے سوار ہو کر دہلی میں کلرکی کرنے آیا ہے۔ اور یا اجمیری گیٹ سے جس تانگہ بان کے تانگے پر آپ سوار ہوئے ہیں وہ ۱۹۴۷ء ہی میں یہاں تانگہ بانی کرنے آگیا تھا، یا سہارن پور میں اس کا چینی کا ڈپو تھا جو کسی وجہ سے چل نہ سکا اور یہ دہلی میں یانگہ چلانے کے لیے ایک ہی ہفتہ پہلے آیا ہے۔

دہلی کے باشندوں اور باہر سے آنے والوں میں امتیاز کرنا کیوں مشکل ہے؟ اس لیے کہ موجودہ دہلی کا نہ کوئی اپنا کلچر ہے، نہ لباس ہے، نہ زبان، جس سے یہ پتہ چل سکے کہ یہ دہلی والا ہے اور یہ کلکتے والا اور یہ لکھنو والا۔ دہلی کی کسی سڑک پر اگر دو آدمی چل رہے ہوں تو آپ یہ جان کر حیران ہو جائیں گے کہ یہ دونوں ایک دوسرے کی زبان نہیں جانتے۔ ایک نے کوٹ پتلون پہن رکھا ہے تو دوسرا دھوتی کرتے میں ملبوس ہے۔ ایک نے کوٹ پتلون کے اوپر گاندھی ٹوپی پہنی ہوئی ہے تو دوسرے نے کھدر کی اچکن اور

پائجامے کے اوپر ہیٹ لگا رکھی ہے۔ ایک ابھی ابھی ہوٹل سے مچھلی چاول کھا کر نکلا ہے تو دوسرے نے پراٹھا اور چھاچھ نوش فرمائی ہے اور ستم یہ کہ دونوں ہی اپنے آپ کو دہلی کا باشندہ کہتے ہیں۔

حدود اربعہ کہاں ہے؟

دہلی کا حدود اربعہ معلوم کرنا بہت مشکل ہے۔ کیونکہ ریاضی اور جغرافیہ کا کوئی فارمولا دہلی پر لاگو نہیں ہوتا۔ دہلی ریاضی اور جغرافیہ کو پس پشت ڈال کر آگے نکل گئی ہے۔ کہتے ہیں کچھ قدرتی حدود ہوتی ہیں، جیسے دریا، پہاڑ، نہر، جن سے کسی مقام کا حدود اربعہ معلوم کیا جاسکتا ہے۔ اگرچہ دہلی میں دریا بھی ہے، پہاڑ بھی اور نہر بھی لیکن دہلی نے قدرت کی لگائی ہوئی ان بندشوں کی پروا نہیں کی اور تیز رفتار سیلاب کی طرح ان کے اوپر سے دندناتی ہوئی گزر گئی۔ آج کل یہ دریا، پہاڑ اور نہریں دہلی شہر کے اندر آگئی ہیں، یہ دہلی کو قید نہیں کر سکیں بلکہ دہلی نے انہیں قید کر لیا ہے۔

مثلاً بچاری جمنا دہلی شہر کے اندر یوں بہہ رہی ہے جیسے پولیس کے گھیرے میں کوئی سہما ہوا مجرم۔ دہلی کے کئی پہاڑ جو کبھی اپنے سر اٹھائے کھڑے رہتے تھے، اب دہلی کے باشندے ان پر سے موٹریں لاریاں اور سائیکلیں گزار کر یوں لے جاتے ہیں، جیسے یہ پہاڑ نہ ہوں بلکہ ان کے زر خرید غلام ہوں۔ سارے پہاڑ دہلی کے چھوٹے چھوٹے محلے بن گئے ہیں اور دہلی والوں نے ان کا نام پہاڑ گنج، پہاڑی دھیرج، بھوجلہ پہاڑی، آنند پربت رکھ چھوڑا ہے اور یہ پہاڑ قدرتی پہاڑوں کی بجائے "پہاڑی چھوکرے" معلوم ہوتے ہیں جو برتن مانجھنے کے لیے دہلی میں آگئے ہیں۔

دراصل جب سے دہلی آزاد ہندوستان کا دارالخلافہ بنی ہے، آزاد اور بے باک ہوگئی ہے اور کسی الھڑ دوشیزہ کی طرح چاروں کھونٹ اٹھکھیلیاں کرتی پھر رہی ہے، اس لیے

اس کی حدود بدل جاتی ہیں۔ اگر ایک ہفتہ پہلے اس کی مغربی حد پٹیل نگر نامی کالونی میں تھی، تو ہفتہ کے ختم ہونے سے ایک گھنٹہ پہلے پتہ چلتا ہے کہ اب پٹیل نگر سے آگے ایک اور کالونی نمودار ہوگئی ہے، جو اب دہلی کی مغربی حد کہلاتی ہے۔ مشرقی حد میں پہلے جمنا ندی تھی۔ اس کے بعد شاہدرہ بن گئی۔۔۔ اور اب شاہدرہ والے سرد آہ بھر کر کہتے ہیں کہ اب ہم مشرقی حد نہیں رہے کیونکہ ستاروں سے آگے ایک اور کالونی کا جہاں بس گیا ہے۔

غرض دہلی کی حدیں ٹوٹتی بنتی اور بنتی ٹوٹتی رہتی ہیں۔ یہ کہنا غلط نہ ہوگا کہ دہلی میں شیطان آگھسا ہے جو اپنی آنتوں کو چاروں طرف پھیلاتا چلا جارہا ہے اور کچھ عجب نہیں کہ ایک دن ہم یہ خبر سنیں کہ دہلی کی ایک حد کلکتہ ہے اور دوسری حد سری نگر۔ ممکن ہے، نقشہ سے ہندوستان نام کا ملک غائب ہو جائے اور دہلی نام کا ملک نمودار ہو جائے، کیونکہ ہندوستان سمٹ رہا ہے اور دہلی بڑھ رہی ہے۔ دہلی ایک جسم ہے جس میں ہندوستان کی روح داخل ہوتی جارہی ہے۔ جسم اور روح کا یہ وصال ٹریجڈی ہے یا کامیڈی۔ اس کا فیصلہ ہم آنے والے مؤرخ پر چھوڑتے ہیں۔

ایک نہیں پانچ دہلیاں

بہت سے لوگوں کو یہ غلط فہمی ہے کہ دہلی صرف ایک ہے۔ انہیں یہ غلط فہمی دور کرلینی چاہیے۔ کیونکہ دہلیاں پانچ ہیں، پرانی دہلی، نئی دہلی، شرنارتھی دہلی، چھاونی دہلی، دیہاتی دہلی اور ان میں سے ہر دہلی دوسری دہلی سے الگ مزاج رکھتی ہے۔ ہر دہلی دوسری دہلی کی سوکن معلوم ہوتی ہے۔ پرانی دہلی اپنے آپ کو خاندان کی اس بڑی بی کی طرح سمجھتی ہے جس کی کمر میں چابیوں کا گچھا لٹکتا رہتا ہے اور جو اپنے سامنے خاندان کے سارے افراد کو ہیچ سمجھتی ہے اور منہ میں پان کی گلوری دبائے "پدرم سلطان بود" کے

نعرے لگاتی رہتی ہے۔

اور نئی دہلی خاندان کی وہ ماڈرن لڑکی ہے جو چابیوں کے گچھے کی بجائے کلائی میں پرس جھلاتی ہوئی اپنے آپ کو یورپ رٹرن کہتی ہے۔ منہ میں "چونگ گم" اپنے آپ کو انڈیا کی "ہزہائنس" سمجھتی ہے اور پرانی دہلی سے اڑکر آئی ہوئی کسی مکھی کو ناک پر نہیں بیٹھنے دیتی۔ اور "شرنارتھی دہلی" اپنے آپ کو وہ حسینہ سمجھتی ہے جو اپنی عشوہ طرازیوں کے ساتھ یہاں آئی اور دلِ عشاق پر حملہ کرکے فاتح بن گئی۔ کبھی منہ میں پان دباتی، کبھی چونگ گم اور کبھی گنڈیریاں۔ اپنے آپ کو دہلی کی ناک سمجھتی ہے مگر سرکار اس پر ہمیشہ مکھیاں بٹھاتی رہتی ہے۔

چھاونی دہلی کی پوزیشن اس جلاوطن کی سی ہے، جو اب بھی اپنے آپ کو تخت و تاج کا وارث سمجھتی ہے اور اپنی رعایا سے دور ہی رہنے میں اپنی بڑائی سمجھتی ہے۔ اور دیہاتی دہلی اس بے بس دوشیزہ کی طرح ہے جس کا بیاہ زبردستی ایک ایسے شخص سے کردیا گیا ہو، جس کے نام کا وہ صحیح تلفظ بھی نہیں جانتی لیکن گھونگٹ اوڑھے "پتی ورتا دھرم" نبھائے جارہی ہو۔

ان پانچوں دہلیوں میں صرف ایک چیز مشترک ہے اور وہ یہ کہ ہم حاکم ہیں ہمارے ہی احکام کے سامنے سارا ہندوستان سر جھکاتا ہے۔ ہم اس دلی کے مالک ہیں جو ہمیشہ سے راس کماری تک راج کرتی ہے۔ دہلی کا ہر باشندہ اپنے آپ کو راج کمار محسوس کرتا ہے۔ اپنی رگوں میں شاہی خون دوڑتا ہوا محسوس کرتا ہے، چاہے اسے آسٹریلیا کا گندم ہی کھانے کو ملے۔

دہلی کی بسیں

دہلی شہر کے اندر ڈی، ٹی، سی بسیں چلتی ہیں جو انسانوں کو ڈھونے کا کام کرتی ہیں۔

ایک علاقے کے لوگوں کو اٹھا کر دوسرے علاقے میں پھینک آتی ہیں اور دوسرے علاقے کے لوگوں کو تیسرے علاقے میں۔ دہلی کا ایک انسان اگر دوسرے انسان سے جڑا ہوا ہے تو ان بسوں کی بدولت۔ اگر ایک دن کے لیے یہ بس سروس ختم ہو جائے تو محبوبہ اپنے عاشق سے نہیں مل سکتی۔ طالب علم اپنے ٹیچر سے نہیں مل سکتا۔ قرض خواہ اپنے مقروض تک نہیں پہنچ سکتا۔ مالک اپنے ملازم کے ہجر میں تڑپتا رہے اور کلرک اپنے افسر کی جھڑکیاں کھانے سے محروم رہ جائے۔ حتی کہ آتما پرماتما سے نہیں مل سکتی، جب تک بس ڈھو کر اسے پرماتما تک نہ پہنچا دے۔

غرض یہ بسیں دہلی کے بچھڑے ہوؤں کا "وصال" کراتی ہیں۔ دہلی بہت سے "ہجر زدہ" ٹکڑوں کا ایک مجموعہ ہے۔ یہ ٹکڑے ایک دوسرے سے الگ تھلگ رہتے ہیں۔ اگر یہ ٹکڑے ہمیشہ الگ تھلگ رہیں تو دہلی نام کا شہر ہندوستان کے نقشے پر نظر نہ آئے۔ دہلی کو ایک وحدت، ایک اکائی، ایک شہر کی حیثیت اسی وقت ملتی ہے جب ڈی، ٹی، سی بسیں ان ہجر زدہ ٹکڑوں کا ایک دوسرے سے وصال کراتی ہیں۔ اس اعتبار سے دہلی کی بسیں ایک ایسے "ایجنٹ" کی طرح ہیں جو طالب و مطلوب کو ایک دوسرے سے ملا دیتا ہے اور اپنی دلالی کھری کرتا ہے۔

لیکن یہ بسیں صرف ایجنٹ ہی نہیں ہیں، صرف اپنی "دلالی" ہی کھری نہیں کرتیں، صرف عاشق کو محبوبہ سے نہیں ملاتیں بلکہ خود بھی مجنوؤں کی طرح ناز نخرے دکھاتی ہیں۔ محبوبہ کے دیدار کے پہلے آپ کو بس کے دیدار کے لیے تڑپنا پڑتا ہے۔ بس ایک طرح کی لیلیٰ ہے، جس کے مجنوں اس کے انتظار میں سوکھ کر کانٹا ہو جاتے ہیں۔ ایک مجنوں نے تو مجھے یہاں تک بتایا کہ وہ دہلی کے ایک بس اسٹاپ پر پیدا ہوا تھا۔ یہیں پر ماں کا دودھ پی پی کر بڑا ہوا۔ یہیں پر مونگ پھلیاں کھا کھا کر جوان ہوا۔ بس کے انتظار میں ہی

مطالعہ کرتے کرتے گریجویٹ ہو گیا۔ یہیں کھڑے کھڑے اس نے شادی کی۔ یہاں تک کہ اب بوڑھا ہو گیا ہے۔ لیکن ابھی تک بس نہیں ملی جس پر سوار ہو کر وہ اپنے باپ کے پاس پہنچ جائے اور اسے یہ خوش خبری سنائے کہ میں بوڑھا ہو چکا ہوں۔

لیکن دہلی کا ہر مجنوں اتنا صابر و شاکر نہیں ہوتا کہ اپنی ساری عمر بس کے انتظار میں گزار دے۔ چنانچہ وہ لپک کر، جھپٹ کر، پھڑک کر، دوڑ کر، بھاگ کر بس کا تعاقب کرتا ہے اور اس نامعقول محبوبہ کو کسی نہ کسی طرح پکڑ لیتا ہے۔ اور جب بس سے اتر کر گھر پہنچتا ہے تو اسے معلوم ہوتا ہے کہ اس کی عینک کا ایک شیشہ ٹوٹ گیا ہے، پتلون گھٹنے پر سے پھٹ گئی ہے، جیب کسی بلیڈ سے کٹ چکی ہے اور ماتھے سے خون بہہ رہا ہے اور گھر جانے کی بجائے اسے ہسپتال جانا چاہیے۔

لیکن آہ! ہسپتال جانے کے لیے بھی بس کا انتظار کرنا پڑتا ہے۔

اس ذلت و خواری کے باوجود جب صبح ہوتی ہے، شام ہوتی ہے تو دہلی کے ہر بس اسٹاپ پر میلوں لمبی قطاریں لگ جاتی ہیں۔ دہلی کی آدھی آبادی ان قطاروں میں سمٹ کر کھڑی ہو جاتی ہے اور پھر رات گئے تک بسوں میں بھیڑ بکریوں کی طرح بھر کر ایک جگہ سے دوسری جگہ پہنچا دی جاتی ہے۔ ایک اندازہ کے مطابق دہلی کے باشندے اپنی آدھی عمر بسوں کی نذر کرتے ہیں اور باقی آدھی عمر بسوں کے متعلق سوچنے میں صرف کرتے ہیں۔ ایک صاحب کا بیان ہے کہ اس نے گزشتہ چھ ماہ سے اپنے بچوں سے بات نہیں کی۔ کیونکہ صبح وہ بس نہ ملنے کے خوف سے جلدی گھر سے روانہ ہو جاتا ہے۔ اس وقت بچے سوتے ہوئے ہوتے ہیں اور جب رات کو دیر سے بس ملنے کے سبب گھر پہنچتا ہے تو بچے بھی سو چکے ہوتے ہیں۔

دہلی کی بسیں عہد حاضر کی سب سے بڑی ٹریجڈی ہیں جو انسان کی عمر لذیذ لقمہ تر

سمجھ کر کھائے جا رہی ہیں۔

دہلی کے بائیسکل اور اسکوٹر

دہلی بابوؤں اور بائیسکلوں کا شہر ہے۔ کچھ لوگوں کا خیال ہے کہ بابوؤں نے بائیسکلوں کو جنم دیا۔ کئی کہتے ہیں کہ بائیسکلوں نے بابو پیدا کیے۔ مگر میری رائے ہے کہ یہ دونوں جڑواں پیدا ہوئے۔ اگر بابوؤں اور سائیکلوں کو دہلی سے نکال دیا جائے تو وہ دہلی بیوہ ہو کر رہ جائے اور گورنمنٹ آف انڈیا ماتھے پر دوہتڑ مار کر کہے، اب کیا فائدہ جینے کا۔ یہ حقیقت ہے کہ بائیسکل اور بابو کی برکت ہی سے انڈیا کی عظیم ری پبلک چل رہی ہے۔ ہر روز صبح بائیسکلوں اور اسکوٹروں کے غول کے غول گلی کوچوں سے نکل نکل کر سڑکوں پر پھیل جاتے ہیں، جو بابوؤں کو اپنے کندھوں پر سوار کیے بھاگ رہے ہوتے ہیں۔

اگر دہلی کی سڑکوں پر بائیسکل چل رہے ہوں تو سمجھ لیا جائے کہ ہندوستان کی حکومت چل رہی ہے ورنہ نہیں۔ سرزمین ہندوستان پر حکومت کی باگ ڈور بائیسکلوں کے ہاتھ میں ہے۔ کیونکہ اگر بائیسکل نہ ہو تو بابو دفتر نہیں جا سکتا اور جب دفتر نہیں جاتا تو ہندوستان کا وزیر اعظم تک ہاتھ پر ہاتھ دھرے بیٹھا رہتا ہے اور بار بار کھڑکی سے جھانک کر دیکھتا رہتا ہے کہ کوئی بائیسکل آئے تو وہ حکومت کا کاروبار چلائے۔ شاید دنیا کی کوئی سلطنت بائیسکل کی اتنی محتاج نہیں رہی جتنی موجودہ زمانہ کی گورنمنٹ آف انڈیا۔

میرا خیال ہے اس مرتبہ اگر دہلی اجڑی تو صرف اس بنا پر اجڑے گی کہ بائیسکل فیکٹریاں بائیسکلیں بنانا بند کر دیں اور بابو لوگ یہ شعر پڑھتے ہوئے دہلی سے نکل جائیں کہ،

ہے اب اس معمورہ میں قحط غم سائیکل اسد
ہم نے یہ مانا کہ دہلی میں رہیں، کس پر چڑھیں

بابو اور بائیسکل دونوں جڑواں پیدا ہوئے ہیں، اس لیے دونوں کے فضائل اور مسائل بھی ایک دوسرے سے بے حد مشابہ ہیں۔ بائیسکل ارزاں ترین سواری ہے اور بابو ایک ارزاں ترین ملازم ہے۔ بائیسکل پر آپ جتنا بوجھ لاد دیجیے اُف نہیں کرتی۔ بابو پر جتنی فائلیں لاد دیجیے اٹھالیتا ہے۔ آپ بائیسکل کی مرمت نہ کریں تو بھی کام چلتا رہتا ہے۔ بابو کے انجر پنجر بھی چاہے جتنے ڈھیلے ہو چکے ہوں کام کرتا رہتا ہے۔ بائیسکل کچھ نہیں کھاتی، تھوڑی سی ہوا بھر دو، چل پڑے گی۔ بابو بھی کچھ نہیں کھاتا، صرف اس کے دماغ میں یہ ہوا بھر دو کہ وہ بابو ہے اپنے دفتر کا بادشاہ، بابو چلتا رہے گا۔

بائیسکل کو تھوڑی سی گریس چاہیے۔ بابو کو دو روٹیاں اور چٹنی چاہیے۔ زیادہ عیاشی کرے گا تو دفتر کی کینٹین میں چائے کا ایک کپ پی لے گا اور پھر تروتازہ ہو کر اپنی بائیسکل کو اٹھا کر لتا منگیشکر کے فلمی بول گنگناتا ہوا چل پڑے گا۔ وہ اپنی بائیسکل کو "بیوک کار" کہتا ہے، بالکل اسی طرح جیسے اپنے آپ کو سلطنت کا اصل بادشاہ سمجھتا ہے۔ بائیسکل پر بیٹھا ہو تو بیش قیمت کاروں کو حقارت سے دیکھ کر آگے نکل جاتا ہے۔ دفتر کی کرسی پر بیٹھا ہو تو بڑے سے بڑے سیٹھ کو پھٹکار کر کہتا ہے، سیٹھ صاحب! اس وقت میرے پاس ٹائم نہیں ہے، کل آنا۔"

دہلی کا بابو اپنی اپنی بائیسکل کی فطرت خوب سمجھتا ہے اور اسے ہر سانچے میں ڈھال لیتا ہے۔ بابو کی طرح بائیسکل بھی بڑی لچکیلی فطرت رکھتی ہے۔ بابو کبھی اسے ایروپلین کی طرح چلاتا ہے، اس کے پیچھے فائلیں باندھ لیتا ہے، کبھی آٹے کی بوری رکھ لیتا ہے، کبھی گھر کے سودا سلف کی گٹھری باندھ لیتا ہے اور کبھی جب چھٹی کے دن تفریح کے لیے نکلتا ہے تو اسی اپنی واحد وفادار بائیسکل پر اپنے تین چار بچوں اور بیوی کو لاد کر سارا دہلی شہر

گھماتا رہتا ہے اور پھر بڑے فخر سے اپنی بیوی سے کہتا ہے، "منے کی ماں! چاہے تم میرا ساتھ چھوڑ جاؤ لیکن یہ بائیسکل میرا ساتھ کبھی نہیں چھوڑے گی۔ یہ تم سے بھی زیادہ وفادار حیوان ساتھی ہے اور سدا سہاگن ہے۔

بائیسکل اور بابو کی جوڑی مستقل اور پائیدار ہے اور گورنمنٹ آف انڈیا کا سہاگ اسی جوڑی پر قائم ہے۔

دہلی کے تانگے

دہلی میں تانگے بھی چلتے ہیں بلکہ یوں کہنا چاہیے کہ چلتے تھے، کیونکہ آج کل تو وہ حسرت سے کھڑے دیکھتے رہتے ہیں کہ کبھی جن سڑکوں پر وہ مغل شہزادوں کی طرح گردن اٹھائے چلا کرتے تھے ان پر کاریں اسکوٹر اور بسیں چل رہی ہیں۔ سڑکوں کی مغل سلطنت ان سے چھن چکی ہے۔ اور اگر کبھی کبھار کوئی تانگہ سڑک پر چلتا ہوا دکھائی دے بھی جائے تو یوں شرماشرما کر، اچک اچک کر، سہم سہم کر کہنی کترا کترا کر چلتا ہے کہ کہیں کوئی دیکھ کر پہچان نہ لے کہ سلطنت کا معزول شہزادہ جارہا ہے۔ رائل فیملی سے تانگے کے تعلقات ٹوٹ چکے ہیں لیکن ان تعلقات کا احساس ابھی نہیں ٹوٹا اور احساس کا نہ ٹوٹنا ہی سب سے زیادہ دردناک ہے۔ احساس کے بغیر تانگے کو مکمل "نروان" حاصل نہیں ہوسکتا۔

لوہے کی مشین نے تانگے کو پچھاڑ دیا ہے۔ پٹرول اور انجن اسے بہت پیچھے چھوڑ گئے ہیں، جس سے تانگے میں احساس کمتری پیدا ہو گیا ہے۔ اس نے دہلی کی بڑی بڑی سڑکوں پر نکلنا چھوڑ دیا ہے اور چھوٹی چھوٹی سڑکوں، گلیوں، کوچوں کے اندر سمٹتا جارہا ہے۔ دہلی کی زندگی اتنی تیز ہو گئی ہے اور اتنے دور دور کے علاقوں تک پھیل گئی ہے کہ بے چارہ تانگہ اس تیز رفتار زندگی کا ساتھ نہیں دے سکتا، اس لیے وہ صرف ان تنگ و تاریک اور

پسماندہ علاقوں میں محدود ہوتا جارہا ہے جن میں داخل ہوکر چلنا مشین اپنی توہین سمجھتی ہے مگر لوہے کی مشین کا کوئی اعتبار نہیں، کب اپنی عارضی توہین کا لبادہ پھاڑ کر پھینک دے اور تانگہ کو اپنی سلطنت کی آخری پناہ گاہوں سے باہر نکال دے اور محکمہ آثار قدیمہ، دہلی کے آخری تانگے کو اٹھا کر لال قلعے کے اندر ایک کونے میں محفوظ کر کے رکھ دے تاکہ غیر ملکی سیاح آکر اس "ہندوستانی عجوبہ" کو دیکھیں اور اس کا فوٹو لے کر امریکہ کے "لائف میگزین" میں تفریح کے لیے شائع کیا کریں۔

دہلی کا تانگہ کبھی رئیسوں کی سواری سمجھا جاتا تھا۔ رئیسوں نے کاریں خرید لیں تو تانگے نے عوام کی سرپرستی قبول کرلی۔ لیکن اب عوام بھی اسے دغا دیتے جارہے ہیں اور وہ بھی تانگوں کی بجائے بائیسکلوں کو ترجیح دینے لگے ہیں۔ کیونکہ وہ بائیسکلوں سے بھی وہی کام لینے لگے ہیں جو تانگوں سے لیا کرتے تھے یعنی بائیسکلوں کو باربرداری کے لیے بھی استعمال کرلیتے ہیں۔ تانگے کی طرح بائیسکلوں پر بھی گھر کی چار چار سواریاں بٹھالیتے ہیں اور تانگوں سے شرط باندھ لیتے ہیں کہ آؤ ریس لگا کر دیکھ لو، ہم تم سے پہلے منزل مقصود پر پہنچ جائیں گے۔

غرض دہلی کے تانگے اپنے آخری دن جوں توں کر کے کاٹ رہے ہیں اور عام خیال یہ ہے کہ وہ شاید اپنی زندگی کے آخری لمحوں میں ایک بار پھر رئیسوں کی سواری بن جائیں گے۔ اور کبھی کبھی کوئی رئیس زادہ منہ کا مزا بدلنے کے لیے ململ کا کرتہ یا اچکن پہن کر دوپلی سر پر لگائے پان کی گلوری منہ میں دبائے، شام کو تانگے پر سیر کے لیے نکلے اور لوگ باگ اچک اچک کر اسے یوں حیرت سے دیکھیں، جیسے بچے شہر میں گھومتے ہوئے سرکس کے ہاتھی کو دیکھتے ہیں۔

دہلی کی کاریں

دہلی کی سڑکوں پر کاریں گھومتی ہیں اور پارلیمنٹ کے ممبران بھی لیکن راہ چلتے لوگوں کو دونوں کی اہمیت کا احساس نہیں ہوتا کہ سڑک پر کوئی کار جارہی ہے یا ممبر پارلیمنٹ، کیونکہ جب کوئی چیز عام ہو جائے تو اس کی اہمیت کم ہو جاتی ہے۔ دہلی میں کاریں اور ممبرانِ پارلیمنٹ دو بہت عام چیزیں ہیں۔ اس لیے جب وہ سڑکوں پر چلتے ہیں تو صرف انہیں یہ احساس ہوتا ہے کہ وہ کار ہے یا پارلیمنٹ کا ممبر ہے۔

جب کوئی کار والا سڑک پر چلتا ہے تو نہ جانے کیوں اسے بار بار یہ خیال آتا ہے کہ یہ سڑکیں اور پٹرول پمپ صرف اسی کے لیے بنائے گئے ہیں اور باقی یہ جو لاریاں، بسیں، بائیسکلیں، اسکوٹر وغیرہ چل رہے ہیں، کالے رنگ کے "ریڈ انڈین" ہیں۔ اور بد قسمتی سے ڈیموکریسی نہ ہوتی تو انہیں ان سڑکوں پر چلنے کی ممانعت کر دی جاتی، جن پر کاریں چلتی ہیں۔ چنانچہ کار والا ان کی طرف ناک سکوڑ کر دیکھتا ہے اور بڑبڑا کر کہتا ہے، "ابے اندھا ہے، دیکھتا نہیں کار آرہی ہے۔ راستہ چھوڑ دے۔ یوں سڑک پر چل رہا ہے جیسے تیرے باپ دادا کی ملکیت ہے، ہٹ جا ورنہ چالان کروادوں گا۔ جانتا بھی ہے ٹریفک پولیس کا سپرنٹنڈنٹ میرے داماد کا بھائی ہے۔"

ابھی چند سال پہلے دہلی میں صرف امیروں کے پاس کوٹھی ہوتی تھی لیکن ہمارے دیکھتے دیکھتے کوٹھی کی شرط اڑ گئی۔ اور اب تو اس آدمی کے پاس بھی کار ہے، جس کے پاس صرف دو کمروں والا کوارٹر ہے۔ میں نے ایک ایسے آدمی کے پاس بھی کار دیکھی ہے، جو غالب کے شعر غلط پڑھتا ہے۔ اور ایک ایسا آدمی تو تین کاروں کا مالک، جو چند سال پہلے ایک تنور پر روٹیاں لگانے کا کام کرتا تھا۔ حتیٰ کہ ایک پہلوان کے پاس بھی کار ہے اور وہ صبح اکھاڑے میں جاتا ہے تو کار پر سوار ہو کر جاتا ہے۔

دہلی میں بھانت بھانت کی کاریں گھومتی ہیں۔ ان کے رنگ، سائز، وزن، شکل و صورت میں "فینسی ڈریس شو" کا سا منظر دکھائی دیتا ہے۔ یہاں ایسی کاریں بھی چلتی ہیں جن پر لوگ گھاس لادتے ہیں اور ایسی کاریں بھی جو دور سے جیٹ ہوائی جہاز معلوم ہوتی ہیں۔ لیکن اس کے باوجود یہ سب کاریں ہی کہلاتی ہیں۔ چاہے کسی کے پاس کار کے لیے گیراج تک نہ ہو مگر وہ اسے گھر کے باہر سڑک یا گلی میں یوں کھڑا کرلیتا ہے جیسے کار نہ ہو، کوئی گائے بھینس ہو۔

دہلی کی حسینائیں

دہلی کی حسینائیں یوں گھومتی ہیں، جیسے جنگل میں شیر گھومتے ہیں۔ دہلی پر ان کا راج ہے۔ جہانگیر نے شراب کے ایک پیالے پر اپنی سلطنت نور جہاں کو دے دی تھی، دہلی کے موڈرن جہانگیر صرف کافی کے ایک پیالے پر سلطنت نچھاور کر دیتے ہیں۔

دہلی کی بیشتر حسینائیں دہلی کے کھیتوں سے نہیں اگتیں بلکہ باہر سے درآمد کی جاتی ہیں۔ دہلی کی اوریجنل حسینائیں اقلیت میں ہیں۔ اور یہ چھوٹی سی اقلیت بھی اب لہو لگا کر رائل فیملی میں شامل ہو رہی ہے۔ درآمد شدہ حسیناؤں کے پیلے پیلے طلائی رخسار غصہ سے لال پڑگئے تھے لیکن حملہ آور زیادہ موڈرن ہتھیاروں سے مسلح تھے، اس لیے قدیم حسیناؤں نے معمولی سی مزاحمت کے بعد ہتھیار ڈال دیے اور پھر آہستہ آہستہ خود بھی موڈرن حسیناؤں کے سانچے میں ڈھل گئیں اور جنگل پر راج کرنے میں حملہ آور حسیناؤں کے ساتھ، ساجھی دار بن گئیں۔

ایک مؤرخ نے اس صورتِ حال پر تبصرہ کرتے ہوئے کہا، "ہندوستان کی تاریخ میں ہمیشہ یہی ہوتا ہے کہ سامراجی حملہ آوروں کے کلچر کو یہاں کے اصلی باشندے اپنا لیتے ہیں۔ یہاں تک کہ ایک دن ایسا آتا ہے جب اصل باشندے بھی حملہ آور اور

سامراجی حاکم معلوم ہونے لگتے ہیں۔"

آزادی کے بعد دہلی ایک کاسموپالیٹن شہر بن گیا ہے، اس لیے یہاں کی حسینائیں بھی کاسموپالیٹن قسم کی حسینائیں بن گئیں ہیں۔ بنگال کی جادو کرنے والی کالی، لمبی زلفیں، سندھ کے پر بہار ریگ زاروں میں کھلی ہوئی ولایتی سگرٹوں کے پھول لگا کر، جب مدراسی برہمن زادوں کی سانولی سڈول اور رقص کرتی ہوئی پنڈلیوں پر، پنجاب کے سنہرے مکئی کی طرح شوخ و شنگ چمکیلے رخساروں پر شلوار قمیص کا سایہ ڈالتی ہیں تو یورپ کی نیلگوں آنکھوں اور بھورے کٹے ہوئے بالوں پر بھی یہ جنون سوار ہو جاتا ہے کہ بنارسی ساڑی پہن کر بازار میں نکلیں اور آتش شوق میں کاسموپالیٹن حرارت پیدا کر لیں اور جدھر بازار سے گزریں، کشتوں کے پشتے لگا دیں اور حسن کو عالم گیر بنا دیں اور عاشقوں کو "کنفیوز" کر دیں کہ نگاہ ٹھیرے تو کہاں ٹھیرے، کس پر ٹھیرے کہ کانگو کی پتھریلی حسینہ اور کشمیر کی گلنار بیر بہوٹی دونوں بیک وقت دل کو کھینچ لیتی ہیں اور یہ بھی نہیں سوچنے دیتیں کہ دل کس کے حوالے کریں۔ پانچ منٹ پہلے ایک جاپانی گڑیا جو دل لے گئی تھی، اب اسے کس منہ سے کہیں کہ حضور! ایک افغان زادی ہم سے دل لینے کا مطالبہ کر رہی ہے۔ براہ کرم ہمارا دل لوٹا دو کہ،

یہاں عشق کے امتحاں اور بھی ہیں
ستاروں سے آگے جہاں اور بھی ہیں

دہلی میں حسیناؤں کی تعداد کتنی ہے؟ اس کے متعلق کوئی اعداد و شمار نہیں ملتے۔ محکمہ مردم شماری اس سلسلہ میں خاموش ہے، کیونکہ رولز کے مطابق حسن شماری ان کے فرائض میں شامل نہیں۔ لیکن عام اندازہ یہ ہے کہ حسیناؤں کی تعداد تیزی سے بڑھ رہی ہے۔ ایک مستقل قسم کے "سڑک گرد" عاشق کا حلفی بیان ہے کہ وہ ایک سڑک پر

گزشتہ دس برس سے حسن شماری کر رہا ہے، لیکن ہر روز اس سڑک پر پچھتر فی صدی نئی حسینائیں نمودار ہو جاتی ہیں۔ نہ جانے وہی حسینائیں بھیس بدل کر سامنے آجاتی ہیں یا کسی چھپے ہوئے ریزرو اسٹاک میں سے نیا مال نکال کر مارکیٹ میں بھیج دیا جاتا ہے۔ اس لیے تعداد کے اضافہ کی صحیح رفتار کا اندازہ لگانا بے حد مشکل ہے۔

خطرہ یہ ہے کہ ایک دن ایسا آجائے گا جب دہلی شہر کی ہر "صنفِ نازک" حسینہ بن چکی ہو گی اور ہر حسینہ لاکھوں دل اپنے پرس میں چھپائے پرس جھلاتی نظر آئے گی اور اس وقت شاید ان کو شمار کرنا نسبتاً آسان ہو جائے گا، کیونکہ حسن کی نگری میں یہ عام رجحان پھیل رہا ہے کہ لباس کی موڈرن، تیکھی اور بھڑکیلی تراش خراش ہی کو حسن کی بنیاد بنا دیا جائے اور لباس ہی کو ایک ایسا فل سورج بنا دیا جائے جس کی چکاچوند میں، نین نقش کے سبھی چھوٹے موٹے ستارے اوجھل ہو جائیں۔۔۔

عشق کے لیے یہ ایک بہت جانکاہ اور آزمائشی دور ہے کہ لب و رخسار کی قدیم ترازو میں لباس نے ڈنڈی مارنا شروع کر دی ہے اور بے چارے عاشق حیران ہیں کہ اس ڈنڈی سے دل کی قدر قیمت کو بچائیں یا حسین سوداگروں کی اس لئے بازی میں نقد دل و جان لٹا کر ہار مان لیں۔

دہلی کی حسیناؤں کی لیڈر شپ یونیورسٹی کی لڑکیوں کے ہاتھ میں ہے کیونکہ وہ دل لینے کے نت نئے ڈھنگ ایجاد کرتی رہتی ہیں۔ اگر کسی شام کو یونیورسٹی کی ایک حسینہ جو گیے رنگ کا لمبا کرتا زیب تن کر کے میدانِ کارزار میں اتر آتی ہے تو دوسری شام کو دہلی کی تمام حسینائیں جوگنیں بنی ہوئی نظر آتی ہیں اور ابھی تیسری شام پوری طرح ختم نہیں ہوتی کہ یونیورسٹی کی کوئی حسینہ جوگیا لباس اتار کر تنگ پتلون پہن لیتی ہے۔ جیسے وہ حسینہ نہ ہو بلکہ ریس کورس کی چاق وچوبند گھڑ سوار ہو۔ چنانچہ چوتھی شام دہلی کے سلم ایریا میں

رہنے والی رام جی داس کلرک کی میٹرک پاس بیٹی ٹائپسٹ کا کام کرتی ہے، نزدیکی ٹیلر ماسٹر کو تنگ پتلون تیار کرنے کا آرڈر دے آتی ہے، کہ فیشن بدل گیا ہے اور حسیناؤں نے کوئی "ٹرائی کلر" لباس پہننا شروع کر دیا ہے۔

دہلی کی حسیناؤں کی کہانی یہیں ختم نہیں ہوتی۔ ان کی زلفوں کی طرح اس کہانی کے بھی کئی پیچ، کئی خم اور کئی اسٹائل ہیں لیکن میں صرف ایک بات کہہ کر اسے ختم کرتا ہوں۔ دہلی کی حسینائیں وہ لیلائیں ہیں جو مجنوؤں پر جان نثار کرنے کی قائل نہیں ہیں۔ صرف کبھی کبھار ایک آدھ خودکشی کی خبر آجاتی ہے۔ حسیناؤں کی تعداد کے اعتبار سے خودکشیوں کی یہ تعداد آٹے میں نمک کے برابر ہے۔

دہلی کے عاشق

دہلی کے عاشقوں کی سب سے بڑی ٹریجڈی یہ ہے کہ ان کی اپنی کوئی آواز نہیں ہے۔ وہ صرف دہلی کی حسیناؤں کے گنبد کی صدائے بازگشت ہیں۔ اگر آپ چاہیں کہ دہلی کے کسی عاشق کو الگ کر کے دیکھیں تو آپ کو مایوسی ہو گی کیونکہ وہ کسی نہ کسی حسینہ کے دوپٹے میں تنکے کی طرح اٹکا ہوا نظر آئے گا اور وہ تنکا دوپٹے کے بغیر آپ کو لاوارث نظر آئے گا۔ دوپٹہ ہی اس کی ہستی کی ضمانت ہے۔ اور اگر آپ اسے دوپٹہ سے الگ کر کے دیکھنا چاہیں گے تو وہ یوں لگے گا جیسے سگریٹ کی راکھ زمین پر گر گئی ہے۔

دہلی میں عاشقوں کی تعداد حسیناؤں سے کئی سو گنا زیادہ ہے۔ تعداد کے اس بے ہنگم اضافہ نے عشق کا معیار گرا دیا ہے اور عاشق لوگ اس گرے ہوئے معیار کو نہیں دیکھ سکتے۔ کیونکہ عشق اندھا ہوتا ہے۔ مجھے ایک عاشق کے بارے میں معلوم ہے کہ وہ حسن کا تعاقب کرنے کے لیے ہر روز بائیسکل پر پندرہ پندرہ میل کا سفر کرتا رہا اور آخر ایک دن جب اس کی محبوبہ نے وفور محبت میں اس سے پوچھا، "پیارے میرا جی چاہتا ہے کہ تجھ پر

کچھ نچھاور کروں، بول کیا مانگتا ہے؟" جواب میں عاشق کے منہ سے بے ساختہ نکلا، "پیاری! مجھے ایک اسکوٹر دے دو۔ مجھ سے اب زیادہ دیر بائیسکل نہیں چلائی جاتی۔"

دہلی کا عاشق حساب کتاب کا عاشق ہے۔ وہ عشق کو بائیسکل اور اسکوٹر سے تولتا ہے۔ وہ بے حد چوکنا ہو کر دیکھتا ہے کہ حسینہ کے حسن کی کیا قیمت ہے۔ وہ کافی کے کتنے کپ پلا چکا ہے اور اس کے بدلے میں اسے کتنی مسکراہٹیں مل چکی ہیں۔ اگر محبوبہ کی طرف سے ملی ہوئی مسکراہٹوں کی تعداد کم ہے تو عاشق کا نازک شیشہ دل چور چور ہو جاتا ہے اور وہ محبوبہ پر بے وفائی کا الزام لگا دیتا ہے۔ اگر زیادہ ذکی الحس ہو جاتا ہے تو مسکراہٹیں کم ہونے کے غم میں ٹھنڈی آہیں بھرتا ہے۔ راتوں کو تارے گنتا ہے اور فلمی گیت گنگناتا ہے اور کافی کے بلوں کے غیر متوازن بجٹ کو اس طرح پورا کرتا ہے کہ بڑھیا بلیڈوں کی بجائے گھٹیا بلیڈ استعمال کرنے لگتا ہے بلکہ کئی بار تو ہفتوں شیو نہیں کرتا اور آزردہ حال ہو کر یہ شعر بڑے رقت انگیز میں لہجہ میں گاتا ہے،

اک بے وفا سے پیار کیا، ہائے کیا کیا
خود کو ذلیل و خوار کیا ہائے کیا کیا

دلّی کے عاشقوں کی ایک اور بلند قسم بھی ہے جو حسن کا مول تول نہیں کرتی، بلکہ اپنے عشق کا مول تول کرتی ہے۔ اس قسم کے عشق میں کافی کے پیالے نہیں گنے جاتے اور نہ دیکھا جاتا ہے کہ حسن کے تعاقب میں کار کا کتنا پٹرول ضائع ہوا۔ بلکہ صرف یہ دیکھا جاتا ہے کہ عاشق کو سوشل اور اقتصادی طور پر کہیں ہیٹا تو نہیں سمجھا جا رہا۔ یہی وجہ ہے کہ دہلی میں مکانوں کے کرائے کی طرح حسیناؤں کا ریٹ بھی بڑھا دیا جاتا ہے۔ بلڈنگ کا کرایہ جتنا زیادہ ہو گا، بلڈنگ کی سماجی حیثیت اتنی ہی زیادہ بڑھے گی اور بلڈنگ کی حیثیت بڑھنے کے ساتھ ساتھ بلڈنگ کے مالک کا مرتبہ بھی بڑھے گا۔ اس قسم کے گھر پھونک

تماشہ دیکھنے والے مالک مکان قسم کے عاشقوں نے جہاں عشق کا مارکیٹ ریٹ بہت بڑھا دیا ہے، وہاں محبوباؤں کے دماغ بھی بگاڑ دیے ہیں اور عشق کے مفہوم کو بینک بیلنس کی سالانہ رپورٹ بنا دیا ہے۔۔۔

آپ کے پاس کار ہے یا تانگہ، یا آپ صرف کسی پبلک پارک میں ایک آنے کی مونگ پھلی ہی سے محبوبہ کا دل رجھا رہے ہیں؟ کار، تانگہ اور مونگ پھلی میں جتنا فرق ہوتا ہے، اسی فرق کی بنیاد پر عشق کیا جاتا ہے اور ان چیزوں کو پرکھنے کی کسوٹی صرف حسیناؤں کے پاس ہے۔ اسی لیے میں نے کہا ہے کہ دہلی کے عاشق کے پاس اپنا کچھ نہیں ہے۔ جو کچھ ہے حسیناؤں کے پاس ہے۔ دہلی کے عاشق حسیناؤں کے دوپٹے کے تنکے ہیں۔ اس تنکے کو الگ کر کے دیکھیے تو نہ کار کی حیثیت باقی رہتی ہے نہ بائیسکل کی، نہ پستے اور بادام کی، نہ مونگ پھلی کی۔ غریب اور امیر دونوں کے عاشق مول تول کا شکار ہیں اور یہ مول تول محبوباؤں کے اختیار میں ہے۔ عاشقوں کے اختیار میں تو صرف چند رومانٹک اشعار ہیں، جنہیں پڑھ پڑھ کر وہ اپنے شب و روز بگاڑ رہے ہیں۔ اس کے باوجود سمجھتے ہیں کہ وہ قیس اور رانجھے کی روایات کے وارث ہیں۔

دہلی کے عاشقوں کی ایک اور قسم بھی ہے جن کے پاس کوئی محبوبہ نہیں۔۔۔ لیکن اس کے باوجود ان کے پاس اپنے عشق کی کئی مفروضہ کہانیاں موجود ہیں اور وہ محفلوں میں، کلبوں میں ریسٹورانوں میں اپنی ان محبوباؤں کے دل فریب قصے بیان کرتے رہتے ہیں جو ابھی پیدا نہیں ہوئیں اور اگر پیدا ہو چکی ہیں تو عاشقوں کے نام پتے اور شکل سے آگاہ نہیں۔ مجھے ایسے ہی ایک عاشق سے ملاقات کا شرف حاصل ہے۔ وہ راہ چلتی ہر تیسری حسینہ کے بارے میں کہتا ہے کہ وہ اس پر مرتی ہے اور آج کل دو بچوں کی ماں بن چکی ہے۔۔۔

فلاں موتیوں جیسے دانتوں والی حسینہ میرے ساتھ کالج میں پڑھتی تھی اور اس نے میرے ساتھ ساری عمر گزارنے کا عہد کیا تھا۔ لیکن اس کی ایک چھوٹی سی بے وقوفی پر میں نے اسے دھتا بتا دیا۔ اپنی بے وقوفی اور میری بے نیازی کے باعث ابھی تک شادی نہیں کر سکی۔۔۔ اور فلاں نیلگوں ساڑی اور آنکھوں والی حسینہ مجھے اغوا کر کے تاج محل تک لے گئی تھی لیکن جب میں نے کہا کہ میرے پاس شاہجہاں کی طرح اتنا روپیہ نہیں ہے کہ تمہارے لیے ایک تاج محل بنوا سکوں تو اس کا دل ٹوٹ گیا اور آج کل تاج محل کی بجائے ایک چھوٹے سے کوارٹر میں رہتی ہے اور کلرک کی بچے پیدا کرنے والی ٹائپ مشین بنی ہوئی ہے۔

ان عاشقوں کی عمر کے متعلق جب کسی حسینہ کو معلوم ہوتا ہے کہ وہ اب مناسب حدود سے آگے بڑھ گئی ہے اور ان کی خودکشی کا خطرہ ہے تو ان میں سے کوئی حسینہ رحم کھا کر ان کی طرف بڑھتی ہے اور کہتی ہے کہ، "اب سب قصے تمام ہوئے۔ اب شادی کر لو۔" جس پر وہ نہایت اکتاہٹ اور بے بسی کے عالم میں "ہاں" کہہ دیتے ہیں اور کسی بینڈ پارٹی کا ایڈریس پوچھتے ہوئے دکھائی دیتے ہیں، جو ان کے فرضی عشق کے ماتم اور حقیقی شادی کی خوشی کی دھن بجا سکیں۔

ایسی کئی ماتمی خوشیوں میں شرکت کرنے کا مجھے بھی فخر حاصل ہو چکا ہے۔

دہلی کے مکان

دہلی میں صرف دو قسم کے انسان رہتے ہیں۔ مالک مکان اور کرایہ دار۔ ایک اور قسم بھی ہے جو "لامکان" کہلاتی ہے اور خدا کی طرح ہر جگہ موجود ہے۔ فٹ پاتھوں پر تھڑوں پر، پارکوں میں، پلوں کے نیچے، پلوں کے اوپر، برآمدوں میں، کھنڈروں میں، مگر یہ ضمنی قسم ہے۔ خدا کی طرح مکان سے بے نیاز ہے۔ حقیقی قسمیں دو ہی ہیں۔ مالک مکان

اور کرایہ دار۔

مالک مکان۔۔۔ مکان بناتے ہیں۔ اپنے لیے نہیں بلکہ کرایہ داروں کے لیے۔ دہلی میں جو مکان بنتا ہے اس میں کرایہ داروں کے مزاج اور تمناؤں کو اینٹوں کی طرح چن دیا جاتا ہے۔ جن مکانوں میں ایسا نہیں ہوتا، ان کے متعلق مالک مکان سمجھتا ہے بیکار پیسہ ڈبویا۔ مکان کے نقشے ہی میں کرایہ داروں کے چہرے اور جیب فٹ کر دی جاتی ہے۔ بلکہ اکثر اوقات تو ایسا بھی ہوتا ہے کہ مکان کے لیے ابھی سیمنٹ کی منظوری بھی نہیں آتی کہ اس پر کرایہ داروں کا بورڈ لگ جاتا ہے۔

دہلی میں ایسے مالک مکان بالکل گدھے سمجھے جاتے ہیں جو کرایہ دار نہیں رکھتے اور شکر ہے کہ دہلی میں گدھوں کی تعداد بہت کم ہے۔ مجھے ایک ایسے ہی گدھے رئیس کے بارے میں معلوم ہے کہ اپنی کوٹھی میں کرایہ دار رکھنے کا سخت مخالف ہے لیکن اس کی بیوی اسے ایک سو روپیہ ماہانہ کرایہ دیتی ہے۔ ایک چپراسی نے اپنا مکان اپنے بیٹے اور بہو کو کرایہ پر دے رکھا ہے۔

چاٹ والے سے ممبران پارلیمنٹ تک

دہلی کے مکان انسانوں کے لیے نہیں، کرایہ کے لیے بنائے جاتے ہیں۔ گزشتہ دنوں ایک صاحب اپنے مکان کے سامنے تھڑا بنا رہے تھے۔ میں نے عرض کیا یہ تھڑا کس لیے؟ فرمانے لگے ایک چاٹ والے کو کرایہ پر دینا ہے۔ دہلی میں سیڑھیاں تک کرایہ پر چڑھانے کے لیے بنائی جاتی ہیں۔ دراصل دہلی کے ہر باشندے کی روح کرائے کی روح ہے۔ روح کو بھی سیڑھی اور تھڑا سمجھ کر کرایہ پر چڑھا دیا جاتا ہے۔ یہاں تک کہ کئی ممبرانِ پارلیمنٹ بھی ایسے ہیں جو اپنے ضمیر اور مکان دونوں کو کرایہ پر چڑھا دیتے ہیں۔ حالانکہ یہ ممبر خود بھی کرایہ دار ہوتے ہیں اور پھر خود ہی پارلیمنٹ میں کرایے کی روحوں

کے خلاف صدائے احتجاج بلند کرتے ہیں اور اس طرح اپنے گناہ کا بوجھ ہلکا کر لیتے ہیں۔

اس اعتبار سے دہلی میں کوئی مالک مکان خالص مالک مکان نہیں ہے کیونکہ اگر وہ کرایہ دار نہیں رکھتا تو اپنے آپ سے ہی اپنے مکان کا کرایہ وصول کر لیتا ہے۔

مکانوں کا شہر

دہلی صرف مکانوں کا شہر ہے۔۔۔ آزادی کے بعد یہاں صرف مکان بنے۔ ان کے سوا ہر چیز بگڑ گئی ہے۔ مکان خوبصورت ہو رہے ہیں انسان بھدے ہو رہے ہیں۔ خدا نے انسان کو جتنا حسن عطا کیا تھا، وہ سب مکانوں پر لگا دیا گیا ہے۔ اس لیے انسان کے پاس کچھ باقی نہ رہا، صرف کرایہ کے پیسے باقی رہ گئے۔ یہاں تک کہ خدا کے مکانوں میں بھی کرایہ دار رکھ لیے گئے ہیں، جو پیٹ کی خاطر خدا کو کرایہ پر چڑھاتے ہیں اور خدا سے داد پاتے ہیں۔

دہلی کے مکانوں کی طرز تعمیر میں "کرایہ آرٹ" مد نظر رکھا جاتا ہے۔ کہنے کو دہلی کے سبھی آرکٹیکٹ یہی کہتے ہیں کہ فلاں مکان میں مغل آرٹ ہے، فلاں میں یورپین آرٹ اور فلاں میں چینی آرٹ، لیکن حقیقت یہ ہے کہ مکانوں کے سبھی آرٹ "کرایہ آرٹ" کے گرد کولھو کے بیل کی طرح گھومتے ہیں۔ کرایہ داروں کی جتنی اقسام ہیں اتنی ہی اقسام کے تعمیری آرٹ ہیں۔ آرٹ۔۔۔ ضمنی چیز ہے۔ کرایہ بنیادی چیز ہے۔

یہاں کے مکان چار قسم کے ہیں،

(۱) قدیم مکان (۲) نئے بنگلے اور کوٹھیاں (۳) عوامی مکان (۴) سلم ایریا کی جھونپڑیاں۔

دہلی کے قدیم مکان

مکانوں کی یہ قسم پرانی دہلی میں پائی جاتی ہے۔ انہی مکانوں کی گلیوں کے بارے میں

ذوقؔ نے کہا تھا،

کون جائے ذوقؔ اب دلی کی گلیاں چھوڑ کر

یہ گلیاں اتنی تنگ و تاریک اور بھول بھلیاں قسم کی ہیں کہ ان سے باہر نکلنے کا کوئی راستہ ہی نہیں۔ اس لیے انہیں چھوڑ کر جانا آسان نہیں۔ ذوقؔ نے ٹھیک کہا تھا۔ ان سے باہر نکلنے کا واقعی کوئی راستہ نہیں۔

قدیم طرز کے یہ مکان اس زمانے کے انسانوں کی گہری اور قریبی محبت کو ظاہر کرتے ہیں۔ یہ ایک دوسرے سے اتنے قریب ہیں، اتنے جڑے ہوئے ہیں کہ ایک مکان کا باشندہ اپنی چھت پر کھڑا ہو کر دوسرے مکان کی چھت پر کھڑے ہوئے باشندے کا بوسہ لے سکتا ہے۔ مل کر ڈوئٹ گا سکتا ہے۔ ایک دوسرے کا سگریٹ سلگا سکتا ہے۔ غصہ آئے تو ہاتھ بڑھا کر تھپڑ مار سکتا ہے۔ ان مکانوں کی عورتیں اپنے گھروں سے نکلے بغیر ایک دوسرے کو گالیاں اور کوسنے دے سکتی ہیں۔ دال سبزی ایکسچینج کر سکتی ہیں۔ اپنی چھت پر کھڑے کھڑے تعزیت تک کر لیتی ہیں۔

غرض یہ قدیم طرز کے مکان دو انسانوں کے وصال اور قربت کا سمبل ہیں اور زبان حال سے کہہ رہے ہیں اے دنیا بھر کے لوگو! قریب آجاؤ۔ کیونکہ قربت ہی تمہارے دکھوں کا علاج ہے۔ نہ صرف علاج ہے بلکہ خود بھی ایک دکھ ہے۔ اس لیے دکھی ہونا چاہتے ہو تو ایک دوسرے کے مکانوں کو اتنا قریب لے آؤ کہ مردوں کو مورچے بنانے میں اور عورتوں کو سیاپہ کرنے میں سہولت ہو جائے۔

یہی جذبہ وصال و قربت ہے کہ اگر ان میں سے ایک مکان بھی گرے تو وہ سیدھا دوسرے مکان پر گرتا ہے۔ اور دوسرا مکان تیسرے پر۔ اور اس طرح ایک مکان کے گرنے سے ایک ساتھ تین چار مکان گر جاتے ہیں۔ جیسے بچھڑے ہوئے اہل محبت ایک

دوسرے پر بوسے ثبت کر رہے ہوں۔

اور چونکہ یہ قدیم مکان ہیں، اس لیے عام طور پر گرتے رہتے ہیں۔ اگرچہ ان کا گرنا بد شگونی سمجھا جاتا ہے، کیونکہ یہ دہلی کے قدیم کلچر کی یادگار ہیں۔ انہیں محفوظ رکھنے کے لیے برابر اینٹیں اور پلستر لگائے جاتے ہیں۔ اس کلچر کو محفوظ کرنے کے سلسلہ میں قربانیاں بھی دی جاتی ہیں اور ہر سال مکان گرنے سے بہت سے لوگ ملبے کے نیچے آکر شہید ہو جاتے ہیں۔

جب یہ قدیم مکان ملبے بن جائیں گے۔ دہلی کا قدیم کلچر بھی ملبہ بن جائے گا اور انشاء اللہ وہ دن بہت جلد آرہا ہے۔

کوٹھیاں اور بنگلے

مکانوں کی دوسری قسم کوٹھیاں اور بنگلے ہیں۔ ان کی طرز تعمیر میں یہ خیال رکھا جاتا ہے کہ ان میں مصری، ایرانی امریکی، فرانسیسی، روسی، جاپانی، افریقی روح نظر آئے مگر ہندوستان ہرگز نظر نہ آئے۔ اس کی وجہ یہ ہے کہ ہندوستان کی روح مفلس ہے اور یہ کوٹھیاں اور بنگلے امیر لوگ بنواتے ہیں اور وہ نہیں چاہتے کہ ان پر مفلس ہندوستان کا سایہ پڑے۔ اس لیے وہ اپنی کوٹھیاں، مفلس عوام کی چشم بد سے دور شہر سے باہر بنواتے ہیں۔ اگر ان کا بس چلے تو وہ اپنی کوٹھیاں شہر کے باہر ہی نہیں ہندوستان سے بھی باہر تعمیر کروائیں۔

عوام سے دور شہر سے باہر کوٹھیاں بنوانے کا رجحان آہستہ آہستہ اتنا زیادہ بڑھ گیا ہے کہ شہر کے باہر کوٹھیوں اور بنگلوں کا ایک اور شہر بن گیا ہے اور یہ بڑے لوگ بہت پریشان ہیں کہ اب کیا کریں۔ وہ اس دوسرے شہر سے بھی باہر جنگلوں کی طرف بڑھ رہے ہیں تاکہ عوام سے دور اور فطرت کے نزدیک جابسیں، لیکن وہ جوں جوں جنگلوں کی

طرف بڑھ رہے ہیں شہر ان کا پیچھا کر رہا ہے۔ چنانچہ اب دہلی کے ارد گرد جنگل اور پہاڑ نام کی کوئی چیز باقی نہیں رہی۔ جنگل اور پہاڑوں میں کوٹھیاں اور بنگلے نمودار ہو گئے ہیں۔ فطرت غائب ہو گئی ہے۔ افلاس اور سرمایہ کی ریس نے فطرت کو روند ڈالا ہے، مار ڈالا ہے۔ فنا کر دیا ہے۔

ان کوٹھیوں میں وہی لوگ رہتے ہیں جو دہلی (بلکہ ہندوستان) پر راج کرتے ہیں۔ کار، بل ڈاگ، ہرے ہرے لان، برقی قمقمے، مصوروں کے قیمتی شاہکار ریشم و کمخواب، دودھ اور چاندنی میں دھلی ہوئی عورتیں، ڈرائنگ روم، پلنگ روم ریڈنگ روم، ویٹنگ روم، ڈائننگ روم، پنگ پانگ روم، چلڈرن روم، ڈانس روم، انگریزی میں ہنسنا، رونا، لڑنا، عشق کرنا، غرض راج کرنے کے لیے جن چیزوں کی ضرورت ہے، وہ سب ان کوٹھیوں میں جمع کر لی جاتی ہیں۔ ان سب نعمتوں کے لیے روپیہ کہاں سے آتا ہے؟ یہ رائل فیملی کے شہزادے ہی جانیں، کیونکہ یہ ان کا "ٹریڈ سیکرٹ" ہے۔

ہاں! دہلی میں ایک افواہ ضرور پھیلی ہوئی ہے کہ یہ سب نعمتیں وہی لوگ مہیا کرتے ہیں جن سے یہ شہزادے بھاگ بھاگ کر جنگلوں کی طرف بڑھتے اور کوٹھیاں بناتے جا رہے ہیں۔

یہ کوٹھیاں اور بنگلے کرایہ پر مل جاتے ہیں، لیکن ان میں صرف وہی کرایہ دار رہتے ہیں جو خود بھی رائل فیملی سے تعلق رکھتے ہیں، کیونکہ ان کا کرایہ بھی شاہی ہوتا ہے۔ کہتے ہیں ایک بار ایک سرکاری افسر نے، جس کی تنخواہ ایک ہزار روپے ماہانہ تھی، ایک کوٹھی ایک ہزار روپے ماہانہ کرایہ پر لے لی۔ وہ اپنی تنخواہ کرایہ میں دے کر کوٹھی کے باہر بیٹھ گیا اور ہر راہ چلتے کے سامنے ہاتھ پھیلا کر کہنے لگا، بابا! خدا کے نام پر ایک پیسہ دے دو۔ بھوکا ہوں۔

لیکن شام تک اسے بھیک میں ایک پیسہ تک نہ ملا، کیونکہ ہر راہ چلتے نے یہی سمجھا، ایسا سوٹڈ بوٹڈ آدمی بھکاری نہیں ہو سکتا، مذاق کر رہا ہے۔

عوام کے مکان

دہلی عوام کا شہر ہے، اس لیے ان کے مکان بھی عوامی ہیں۔ ان کے مکانوں کی وہی ساخت ہے جو عوام کی اپنی ساخت ہے۔ عوام بھوک کے مارے ہیں، اس لیے ان کے مکان بھی یوں دکھائی دیتے ہیں جیسے صدیوں سے بھوک ہڑتال پر ہیں۔

عوام کے مکان عوام کے کلچر کو ظاہر کرتے ہیں، اس لیے ان کی تعمیر کے وقت بھی عوام کے کلچر کا خاص دھیان رکھا جاتا ہے۔ ایک کمرہ ایک رسوئی۔ ایک باتھ۔۔۔ مگر نہیں باتھ روم کا کام رسوئی سے بھی لیا جا سکتا ہے اور بس۔۔۔ اس سے زیادہ کی عوام کا کلچر اجازت نہیں دیتا۔ اگر کسی عام آدمی کے پاس ایک کی بجائے دو کمرے ہوں تو اس کی بیوی یہ کہہ کہہ کر اس کی نیند حرام کر دیتی ہے کہ یہ دوسرا کمرہ کرائے پر اٹھا دو۔ ہماری ضرورت سے زیادہ ہے۔ اور کچھ نہیں تو اس کرایہ سے بچوں کی نیکریں اور قمیص ہی بن جائیں گی۔

عوام شاستروں کے انویائی ہیں، اس لیے ان کے مکان بھی شاستروں کا ترجمہ معلوم ہوتے ہیں۔ ان مکانوں سے صبر و قناعت ٹپکتی ہے۔ حرص و ہوا کا ادھر کبھی گزر نہیں ہوتا۔ اکڑفوں اور جھوٹا غرور انہیں چھو تک نہیں گیا۔ ایک پاخانہ پندرہ عوامی کنبوں کے لیے کافی ہے۔ ایک غسل خانہ میں دس دس گھرانے اشنان کر لیتے ہیں۔ ایک ہی کمرے میں چارپائیاں، کرسیاں، ریڈیو سیٹ، انگیٹھی، جوتے کتابیں، برتن ہر چیز سما جاتی ہے۔ کیونکہ عوام کی تھیوری یہ ہے کہ دل بڑا ہونا چاہیے مکان نہیں۔ دل بڑا ہے تو اس میں کرسیاں بھی رکھی جا سکتی ہیں اور پانی کی بالٹیاں بھی۔ کئی لوگوں نے تو اپنے دل میں بچوں

کے لیے پلے گراؤنڈ تک بنا رکھے ہیں، جسے دیکھ کر وہ خدا کا شکر بجالاتے ہیں، جس نے انہیں صوفہ سیٹ عطا نہیں کیا، ورنہ وہ اسے کہاں رکھتے۔

عوام کے ان مکانوں کی ایک اور کلچرل خصوصیت بھی ہے وہ یہ کہ ان مکانوں کے ناموں میں تکلف اور جھوٹ روا نہیں رکھا گیا۔ یعنی عوام نے اپنے مکانوں کے "شیش محل، پریم بھون، قصر احمر، آرام محل، عشرت کدہ" جیسے شاندار نام نہیں رکھے بلکہ ان کے مکانوں کے نام ہندسوں پر رکھے گئے ہیں۔ بلاک نمبر ۸ کوارٹر نمبر ۱۵۔ چوبیس نمبر، اٹھائیں نمبر، پچاس نمبر۔ ان سیدھے سادے، غیر پیچیدہ ناموں سے عوام کو ایک فائدہ یہ ہوا کہ عوام کو اب اپنے نام رکھنے کی ضرورت نہیں رہی۔ یعنی اگر کسی کا نام گھنشیام لال ہے تو اسے گھنشیام لال کے نام سے نہیں پکارا جاتا بلکہ یہ کہا جاتا ہے اٹھارہ نمبر والا آیا تھا۔ کہتا تھا، بائیس نمبر والے کی بیوی اس کے تکیے کا غلاف چرا کر لے گئی ہے۔ ہم نے چھبیس نمبر والے سے اس کی شکایت کی تو آٹھ نمبر والا باہر نکل آیا اور اس کی بے جا حمایت کرنے لگا۔

یعنی عوام کا کوئی نام نہیں رہا۔ مکانوں کا نام ہی باقی رہ گیا ہے۔ عوام اب اپنے مکان کے نام ہی سے پہچانے اور پکارے جاتے ہیں۔ عوام اب انسان نہیں رہے مکان ہو گئے ہیں۔ عوام اور مکان میں بھید بھاؤ مٹ گیا ہے۔ اور "تو من شدی، من تو شدم" کے مصداق ایک دوسرے میں ضم ہو گئے ہیں۔ بالکل ایسے ہی جیسے آتما، پرماتما میں مل جاتی ہے اور یہ عوام کے کلچر کی وہ بلند ترین منزل ہے جہاں سے خدا صرف ایک آدھ انچ آگے رہتا ہے۔

سلم ایریا کی جھونپڑیاں

دہلی میں سلم ایریا کی جھونپڑیاں ہزاروں کی تعداد میں ہیں۔ ان کا کوئی طرز تعمیر

نہیں۔ یہ خود رو پودوں کی طرح اگتی ہیں اور خود بخود مرجھا جاتی ہیں۔ یہ عام طور پر گندے نالوں، نشیبی علاقوں اور جھاڑ جھنکاڑ کے پاس بنائی جاتی ہیں۔ بظاہر یہ دہلی کے ماتھے پر داغ معلوم ہوتی ہیں لیکن اس داغ کے بغیر دہلی کا ماتھا مکمل نہیں ہوتا۔ اس لیے جب دہلی کے ماتھے کو صاف کرنے کے لیے ایک جھونپڑی گرائی جاتی ہے تو نئی جھونپڑیاں جنم لے لیتی ہیں۔ دہلی کے مہذب حکام کا خیال ہے کہ جب تک ان جھونپڑیوں میں رہنے والوں کو ختم نہیں کیا جائے گا، یہ جھونپڑیاں ختم نہیں ہو سکتیں۔ لیکن جھونپڑیوں والے چونکہ سماج کی تہذیب کی کوکھ سے جنم لیتے ہیں، اس لیے وہ ختم نہیں ہو سکتے کیوں کہ تہذیب کی کوکھ کو بانجھ کرنا کسی کے بس کا روگ نہیں۔

یہی وجہ ہے کہ تہذیب کے نمائندے ان جھونپڑیوں کو ہمیشہ زندہ رکھتے ہیں۔ انہیں پانی، بجلی اور نالیاں مہیا کرتے ہیں۔ انہیں ووٹروں کی فہرست میں شامل کر لیتے ہیں، ان کے خلاف آواز اٹھاتے رہتے ہیں تاکہ یہ غلاظت قائم رہے۔ زندہ رہے، کیوں کہ جمہوریت کو زندہ رکھنے کا یہی تقاضا ہے۔

(۷) گمشدہ کی تلاش

فکر تونسوی

یہ اشتہار میں اپنے گم شدہ بھائی چنتا منی کے متعلق دے رہا ہوں۔ موصوف ایک مرتبہ پہلے بھی گم ہو گئے تھے، لیکن اس وقت میں نے اشتہار نہیں دیا تھا۔ کیونکہ میرا خیال تھا کہ موصوف خوددار آدمی ہے، اس لیے اس نے ضرور کنوئیں میں چھلانگ لگادی ہوگی۔ لیکن چھٹے دن وہ میلی چکٹ پتلون کے ساتھ گھر لوٹ آیا اور بقول ہمارے چچا کے "آخر تو ہمارا ہی خون تھا، کیوں نہ لوٹتا، خون نے جوش مارا ہوگا۔"

ہمیشہ اجلی پتلون پہننے والا کب تک گھر سے باہر رہ سکتا تھا۔ خودی چاہے کتنی ہی بلند ہو جائے پتلون کا مقابلہ نہیں کر سکتی۔

مگر اس بار مجھے یقین ہے کہ موصوف لوٹ کر نہیں آئے گا۔ کیونکہ وہ گھر سے دوسو روپے اٹھا کر لے گیا ہے۔ اس لیے اب اس کی رگوں میں ہمارا خون جوش نہیں مارے گا۔ اشتہار دینے کی ایک اور وجہ والدہ محترمہ ہیں، جو موصوف کو ابھی تک "نادان لڑکا" گردان رہی ہیں۔ میں نے لاکھ کہا کہ مادر مہربان! چنتا منی اب بیس برس کا ہو چکا ہے نادان نہیں رہا۔ وہ چہرے مہرے سے ہی گدھا دکھائی دیتا ہے مگر اندر سے کافی کائیاں ہو چکا ہے۔

مگر والدہ محترمہ جس نے اس گدھے کو جنم دیا، اپنی تخلیق پر زیادہ مستند رائے رکھتی ہیں، اس نے مجھے طعنہ دیا، "دراصل تم چھوٹے بھائی کی غیر حاضری میں ساری آبائی

جائداد کو تنہا ہڑپ کرنا چاہتے ہو۔"

ہماری آبائی جائداد دو کمروں والا ایک مکان ہے جو ہم نے کرائے پر لے رکھا ہے یا پھر والد محترم کے قبضہ میں ایک بہی کھاتا ہے جس میں درج ہے کہ ہمارے خاندان کے پاس ڈیڑھ سو ایکڑ زمین ہے جس پر آج کل ایک دریا بہہ رہا ہے۔ والد محترم گزشتہ گیارہ برس سے اس دریا کے سوکھنے کا انتظار کر رہے ہیں۔

اگرچہ والدہ محترمہ کے طعنہ کی بنیادیں دریابرد ہو چکی ہیں لیکن پھر بھی ایک فرماں بردار فرزند کے طور پر میں یہ اشتہار دینے پر مجبور ہوا ہوں۔

برادر عزیز چنتا منی کی تصویر مجھے نہیں مل سکی ورنہ اس اشتہار کے ساتھ ضرور چھپواتا۔ دراصل اس کے جتنے فوٹو تھے وہ اس نے اپنی وقتاً فوقتاً قسم کی محبوباؤں میں بانٹ دیے تھے۔ پوچھنے پر چنتا منی کی ہر محبوبہ نے جواب دیا کہ اس کے پاس چنتا منی کی فوٹو تھی، وہ اس نے رسوائی کے خوف سے ضائع کر دی ہے۔ ایک محبوبہ تو اتنی صاف گو نکلی کہ اس نے تنک کر جواب دیا، "میں نے شادی ہوتے ہی چنتا منی کی وہ فوٹو لوٹا دی تھی اور آج کل بٹوے میں اپنے خاوند کا فوٹو رکھتی ہوں۔"

چنانچہ فوٹو دستیاب نہ ہونے کے باعث مجبوراً میں اپنا ہی فوٹو اس اشتہار کے ساتھ شائع کر رہا ہوں۔ اس کے باوجود گم شدہ میرے بھائی کو سمجھا جائے، مجھے نہیں۔

والد اور والدہ محترمہ دونوں کی متفقہ رائے ہے کہ چنتا منی کی ناک تم سے ملتی ہے، اس لیے پہچاننے میں آسانی رہے گی۔ ہمارے نانا مرحوم کی ناک بھی تم دونوں نواسوں سے ملتی تھی اور وہ بھی گھر سے بھاگ گئے تھے (عجیب ناک ہے، نانا کے وقت سے کٹ رہی ہے) بہر کیف فوٹو میں میری ناک حاضر ہے۔ ناک کے علاوہ میرے جتنے اعضا ہیں وہ میرے ذاتی ہیں۔ برادر عزیز چنتا منی کا ان سے کوئی تعلق نہیں۔

برادر موصوف چنتامنی کے باقی ناک نقشہ کے متعلق پوزیشن یہ ہے کہ اس کا رنگ بچپن میں دودھ کی طرح گورا تھا (ان دنوں وہ صرف ماں کا دودھ پیا کرتا تھا) لڑکپن میں وہ دودھیا رنگ گندمی ہوتا گیا، کیونکہ اس نے گندم کھانا شروع کر دی تھی۔ جوان ہوتے ہی رنگ کا میلان سیاہی کی طرف ہو گیا، نہ جانے جوانی میں چوری چھپے اس نے کیا کھانا شروع کر دیا تھا۔ البتہ جب والد محترم اسے ہیبت ناک قسم کی گالیاں اور بھبکیاں دیا کرتے تو لمحہ بھر کے لیے اس کا رنگ پیلا بھی پڑ جاتا تھا۔ گویا چنتامنی بڑا رنگا رنگ آدمی تھا (خدا اسے ہر رنگ میں خوش رکھے۔)

آنکھیں بڑی بڑی مگر گونگی قسم کی، جیسے کوئی حسینہ بغیر بیاہ کے بیوہ ہو گئی ہو۔ کئی بار میں نے اسے مشورہ دیا، "ارے پگلے! ان پر کالا چشمہ لگا لے، بات بن جائے گی۔" مگر وہ نہیں مانا۔ ایک بار میں نے اپنی بیوی کی آنکھ بچا کر اپنا چشمہ اسے دے بھی دیا مگر وہ اس نے ایک دوست کو دے دیا۔ دوست نوازی میں تو وہ بے مثال تھا۔

والد محترم اسے دوست نوازی پر ہمیشہ چھڑی سے پیٹا کرتے تھے اور اس پٹائی کو وہ کمال صبر و شکر سے سہ لیتا تھا۔ صبر و شکر میں بھی بے مثال تھا۔ والد محترم نہایت فخر سے کہا کرتے تھے کہ میں نے اپنی زندگی میں صرف ایک ہی شریف اور صابر لڑکا پیدا کیا ہے اور وہ چنتامنی ہے۔ بزرگوں کے سامنے چوں تک نہیں کرتا۔ آہ اس کے بھاگنے کے بعد اب ان بزرگوار کی چھڑی کسی کام نہیں آ رہی۔

چنتامنی کی پیشانی پر ایک داغ ہے۔ ایک بار وہ چھت پر کھڑا ایک لڑکی کو گھور رہا تھا۔ لڑکی مذکورہ نے جواباً ایک اینٹ دے ماری۔ اگرچہ چنتامنی نے اس خشت محبت کا ذکر کسی سے نہیں کیا مگر بعد میں اس ناشائستہ لڑکی نے اپنی سہیلیوں سے ذکر کر دیا تو بات پھیل گئی اور اس ڈاکٹر تک بھی جا پہنچی جس نے علاج کا بل ایک دم یہ کہہ کر بڑھا دیا کہ

اینٹ کا زخم زیادہ خطرناک ہوتا ہے۔

چنتامنی کے جسم کے باقی حصے صحیح سلامت ہیں۔ وہ ایک مضبوط الجثہ نوجوان ہے۔ غلہ کی بوری اٹھا کر تین میل تک چل سکتا ہے۔ ممکن ہے وہ اس وقت بھی کسی غلہ منڈی میں بوریاں اٹھانے کا کام کر رہا ہو اور منڈی کے بیوپاری اسے نہایت قلیل اجرت دے رہے ہوں۔ کیونکہ چنتامنی کو بھاؤ تاؤ کرنا نہیں آتا۔ اسے کچھ بھی نہیں آتا۔ سوائے خاموش رہنے کے۔ سوائے ستم سہنے کے۔ مگر میں بیوپاریوں کو مشورہ دوں گا کہ وہ اس ستم پسندی کا زیادہ استحصال نہ کریں، ورنہ وہ ان کے ہاں سے بھی بھاگ جائے گا۔ کیونکہ بھاگنے کے لیے اس کے پاس پاؤں موجود ہیں۔ چنتامنی کی زبان کام نہیں کرتی، پاؤں کام کرتے ہیں۔

چنتامنی جب گھر سے بھاگا تو اس کے تن پر صرف تین کپڑے تھے۔ ایک پتلون (جو میری تھی) ایک دھاری دار قمیص جس سے وہ بے حد نفرت کرتا تھا مگر پھر بھی پہنے پھرتا تھا اور ایک بنیان جو اس نے بڑے چاؤ سے خریدی تھی۔ یہ بنیان کبھی کبھی والد صاحب بھی پہن لیا کرتے تھے، جو انہیں فٹ نہیں آتی تھی مگر وہ کہا کرتے تھے کہ اگر باپ اپنے بیٹے کا بنیان پہن لے تو دونوں کا محبت کا رشتہ استوار ہوتا ہے۔ جس دن چنتامنی بھاگا، اس دن رشتہ استوار کرنے کی باری چنتامنی کی تھی۔ اس لیے بنیان بھی اسی کے بدن پر تھی اور والد صاحب اس بنیان کے لیے زارو قطار روتے رہتے ہیں اور کہتے ہیں کاش! یہ بنیان میرے پاس ہوتی تو میں اسے آنکھوں سے لگا کر تسکین حاصل کر لیتا۔

چنتامنی کیوں بھاگا؟ اس کے متعلق مورخین کی آراء میں شدید اختلاف پایا جاتا ہے۔ والد محترم یعنی ابو الچنتامنی کا خیال ہے کہ لڑکا شادی کا خواہش مند تھا مگر اسے دور دور تک شادی کے کوئی آثار دکھائی نہیں دیتے تھے۔ مگر عم الچنتامنی یعنی چچا جان اس

رائے سے اتفاق نہیں کرتے۔۔۔ وہ کہتے ہیں کہ چنتا سرے سے شادی سسٹم کے ہی خلاف تھا اور برہم چریہ میں یقین رکھتا تھا۔ اس کے علاوہ وہ ایک ذمہ دارانہ سوجھ بوجھ کا مالک تھا۔ وہ جانتا تھا کہ اس کی دو بہنیں ابھی تک کنواری بیٹھی ہیں۔ یعنی برہم چریہ کے لیے اس کے پاس ٹھوس وجہ موجود تھی۔۔۔ تیسرے مورخ ام الچنتا منی یعنی والدہ محترمہ کی رائے چچا جان سے کسی حد تک ملتی ہے، صرف اس ترمیم کے ساتھ کہ بہو (یعنی میری زوجہ) نے ہی اسے یہاں سے فرار ہونے میں مدد دی ہے۔

خود بہو بھی اس قسم کی ایک الگ رائے رکھتی ہے۔ یعنی جو ساس کہے اس کے الٹ۔

اشتہار دینے سے دو دن پہلے مؤرخین میں ایک خوفناک لفظی جنگ ہوئی۔ میں نے والد محترم پر الزام لگایا کہ آپ نے ہی چنتا منی کو بگاڑ دیا تھا اور اسے ہمیشہ یہی کہا کرتے تھے کہ، "اے منحوس! کب تک بڑے بھائی کے ٹکڑوں پر پلتا رہے گا۔ اپنے پاؤں پر کھڑا ہونا سیکھ۔" اور اس طرح آپ نے دو بھائیوں کے درمیان نفرت کی خلیج حائل کر دی تھی۔۔۔ اس پر والدہ محترمہ میری مدد کو آئیں اور بولیں، "اس بڈھے کا شروع سے یہی وطیرہ رہا ہے۔ یہ میں ہی تھی کہ اس بڈھے کے ساتھ تیس سال کاٹ گئی۔" (بڑھیا بڈھا آئندہ بھی ایک ساتھ زندگی کاٹنے کا ارادہ رکھتے ہیں۔)

یہ سن کر ہماری بڑی بہن جو ایک اسکول کی استانی ہے، باپ کی حمایت پر اتر آئی اور بولی، "پتاجی بجا فرماتے ہیں کہ آج ڈیموکریسی کا زمانہ ہے۔ ملک میں صنعتی ارتقا ہو رہا ہے، اس لیے پرانے طرز کے مشترکہ خاندان کا ڈھانچہ قائم رکھنا رجعت پسندی ہے۔ ایک نوجوان لڑکے کو مجبور کرنا کہ وہ مشترکہ کنبے کی جکڑبندیوں میں رہے، عاقبت نااندیشی ہے۔ پتاجی ٹھیک کہتے ہیں۔ دیش کے ہر نوجوان کو اپنے پاؤں پر کھڑا ہونا چاہیے۔ اور میں تو کہتی ہوں چنتا منی اس ملک کا پہلا باغی ہے جو قدامت کی زنجیر توڑ تاڑ کر چلا گیا۔ ہپ

ہپ ہرے۔"

بڑی بہن ماڈرن ذہن رکھتی ہے۔ وہ ماڈرن اور قدیم زمانے کے درمیان لٹکی ہوئی ابھی تک کنواری بیٹھی ہے اور شاید وہ اسی طرح سائنٹفک بنیادوں پر پھر شادی نہ کرے۔ اگرچہ میں نے اس کا تکیہ کئی بار آنسوؤں سے بھیگا ہوا دیکھا ہے مگر آنسوؤں کے باوجود وہ صنعتی ارتقا کا دامن نہیں چھوڑتی۔ اس نے کئی امیدواروں کے ساتھ منگنی کرنے سے اس لیے انکار کر دیا کیونکہ وہ صنعتی ارتقا میں ادھورا یقین رکھتے تھے۔

بڑی بہن کی یہ بات سن کر والدہ محترمہ بھڑک اٹھیں اور دیوار کی طرف منہ کر کے بولیں، "یہ بہن ہے یا ڈائن! چار لفظ پڑھ گئی تو اپنے بھیا سے پیار کرنا چھوڑ بیٹھی۔"

والدہ محترمہ نے یہ الفاظ اس احتیاط سے کہے تاکہ بڑی بہن کے کان میں نہ پڑیں۔ کیونکہ بڑی بہن اپنی بیشتر تنخواہ کنبے پر خرچ کرتی ہیں۔ لیکن چھوٹی بہن شیطان ہے۔ اس نے یہ الفاظ بھی سن لیے اور بولی، "ماں! کیا بہن بھائی کی محبت کا شور مچائے جا رہی ہو۔ بہن کس سے محبت کرے؟ چنتا منی سے؟ جس نے تھرڈ کلاس میں میٹرک پاس کی تھی۔ میں کہتی ہوں یاد ہے وہ وقت جب چنتا منی کو کالج میں داخل کرنے کا سوال اٹھا تھا، تو اسی بڑی بہن نے جو آج بڑھ چڑھ کر اسے باغی ہیرو بنا رہی ہے، اس کے کالج کا خرچہ اٹھانے کی شدید مخالفت کی تھی۔۔۔ اور تم نے بھی کہا تھا کہ اسے کریانہ کی دوکان کھول دو۔"

ہماری یہ بہن خود بھی میٹرک میں فیل ہوگئی تھی اور اب سلائی مشین کا کام سیکھ رہی ہے۔ مؤرخین کی اس جنگ کے بعد بڑی بہن نے اعلان کر دیا کہ وہ چھوٹی بہن کے سلائی اسکول کی فیس ادا نہیں کرے گی۔ (لہٰذا اس کی فوراً شادی کرادو)

قارئین! مجھے انتہائی افسوس ہے کہ چنتا منی کی خاطر مجھے اپنے کنبہ کی اندرونی حالت ظاہر کرنا پڑی اور باعزت کنبے کے لیے یہ ڈوب مرنے کا مقام ہے۔ لیکن پورا پس منظر

دیے بغیر چنتا منی کی تلاش ناممکن ہے، بہر کیف مؤرخین کے ان شدید اختلافات کی موجودگی میں وثوق سے کہنا ناممکن ہے کہ چنتا منی کیوں بھاگا؟ بیکاری، بیزاری، کنوارپن، کند ذہنی، پٹائی، ڈیموکریسی، صنعتی ارتقا، برہم چریہ، قربانی، بے وقوفی۔۔۔ ان میں سے کوئی ایک وجہ بھی ہو سکتی ہے یا ساری وجہیں بھی ہو سکتی ہیں۔ شاید چنتا منی ان تمام وجہوں کو اپنے ذہن میں پالتا رہا، پالتا رہا اور اس دن یہ تمام وجہیں منزل مقصود کو پہنچ گئیں جب اچانک دو سو روپے اس کے ہاتھ لگ گئے۔

یہ دو سو روپے میرے ایک دوست کی امانت تھے اور اب اس نے مجھ پر مقدمہ کر رکھا ہے۔

عزیز چنتا منی کی تلاش میں ہم نے کوئی کسر نہیں اٹھا رکھی۔ ریلوے اسٹیشنوں پر ڈھونڈا، جیل خانے چھانے، جوئے خانوں میں گئے، فلم کمپنیوں سے پوچھا۔ میری ماں درختوں سے پوچھتی پھری۔ والد محترم نے مختلف ریل گاڑیوں پر سفر کیا لیکن چنتا منی جیسے ایک خدا تھا کہ کہیں نہیں ملا۔

تھک ہار کر ہم نے جیوتشیوں اور نجومیوں کا رخ کیا۔ ایک نجومی نے بتایا کہ وہ مشرق کو گیا ہے۔ دوسرے نے کہا، شمال کی طرف گیا ہے۔ ہم دونوں سمتوں میں گئے کیونکہ ہم نے دونوں کو فیس ادا کی تھی۔ ایک اور جیوتشی نے بتایا کہ ایک کتا بھی اس کے ساتھ ہے۔ ہم نے یہ بات بھی مان لی۔ کیونکہ ہمارے محلہ کا ایک کتا بھی اسی دن سے غائب ہے، جس دن سے چنتا منی۔ نہ جانے کتے کو کیا سوجھی کہ بھاگ گیا۔ حالانکہ اس محلے میں وہ بڑے ناز و نعم سے زندگی گزار رہا تھا۔ والد محترم کا خیال ہے کہ کتا ایک وفادار جانور ہے۔ ضرور اس کے ساتھ گیا ہوگا۔ مگر چچا جان کا بیان ہے کہ کتے کو کمیٹی والے زہر دے کر گھسیٹ لے گئے ہیں۔

ایک جیوتشی نے ہمیں ایک منتر پھونک کر دیا اور کہا کہ اسے آدھی رات کے بعد کسی قبرستان میں دفن کر آؤ۔ اس منتر کی طاقت سے چنتا منی کھنچا چلا آئے گا۔ چنانچہ میں ایک ڈاکو کو ہمراہ لے کر قبرستان میں اس منتر کو دفن کر آیا (بعض ڈاکو بڑے انسان دوست ہوتے ہیں۔) لیکن چنتا منی پر اس منتر کا کوئی اثر نہ ہوا۔ بعد میں جیوتشی مذکور سے پوچھنے پر پتہ چلا کہ اس منتر کے دو قسم کے اثر ہوتے ہیں۔

نمبر ایک، بھگوڑا مضطرب ہو کر گھر لوٹ آتا ہے۔ نمبر دو، بھگوڑا تنگ آکر خودکشی کرلیتا ہے۔

شاید چنتا منی پر دوسرا اثر ہوا۔ (مگر ہائے چنتا منی! تمہاری ماں یہ ماننے پر تیار ہی نہیں ہوتی۔)

ایک خدا رسیدہ پاگل عورت نے، جس کے اندر کالی دیوی کا نواس ہے اور جو ہر منگلوار کو بال کھول کر "کھیلتی" ہے یہ بتایا کہ لڑکا زندہ ہے۔ مگر اس کے من پر بوجھ ہے۔ اس کا اتارا کرو اور کالی کتیا کو ہر روز کالے باجرہ کی روٹی اور سفید مکھن کی ٹکیہ کھلایا کرو۔ چنانچہ یہ حرام خور کتیا گزشتہ ڈیڑھ ماہ سے ہمارے ہاں گلچھرے اڑا رہی ہے اور کھا کھا کے سارے محلہ پر بھونکتی رہتی ہے مگر احتراماً کوئی زبان تک نہیں ہلاتا۔

اشتہار ختم کرنے سے پہلے ایک طوطے کا ذکر خالی از دلچسپی نہیں رہے گا کہ ایک ماہر نجوم کی ہدایت پر ہم نے بازار سے ایک طوطا خریدا۔ آج کل گم شدگیوں کی وارداتیں زیادہ ہونے کے باعث طوطوں کا بھاؤ بے حد بڑھ گیا ہے بلکہ اعلیٰ نسل کے طوطے تو ملتے ہی نہیں (بلیک میں مل جاتے ہیں) اور صرف پھٹیچر طوطے ہی باقی رہ گئے ہیں۔ چنانچہ ہم نے پندرہ روپے میں ایک مجنوں قسم کا طوطا خریدا۔ اسے پھل اور میوے کھلا کھلا کر اڑانے کے قابل بنایا۔ اور پھر مندرجہ ذیل چٹھی پر اس ماہر نجوم نے پھونک ماری اور طوطے کے

گلے میں باندھ دی۔ چٹھی یوں تھی،

اڑ جا طوطے، کھا کر غوطے، واہ رے تیرے بل بوتے
چنتا منی سے جا کر کہہ دے ارے سب ہیں روتے
تیرے سارے ہوتے سوتے۔

طوطے کو دور جنگل میں لے جا کر فضا میں اڑا دیا اور مطمئن ہو کر گھر لوٹ آئے۔ گھر لوٹے تو طوطا پھر گھر میں موجود۔ ہم نے پوچھا، "میاں مٹھو! کیا ہوا؟"

وہ بولا، "پستہ کھاؤں، پستہ کھاؤں۔"

ہم نے اس نابکار کو مزید پستہ کھلانا مناسب نہ سمجھا اور تنگ آکر اس بے وفا جانور کو اسی طوطا فروش کے ہاں آدھے دام پر واپس دے آئے۔

قارئین کرام! ہماری یہ تمام کوششیں ظاہر کرتی ہیں کہ چنتا منی ہمیں کتنا عزیز ہے۔ اس لیے ملک بھر کے تمام بہن بھائیوں سے اپیل کرتا ہوں کہ وہ اگر چنتا منی کو کہیں دیکھیں تو سیدھے ہمارے ہاں لے آئیں۔ خدمت خلق کا تقاضہ تو یہ ہے کہ یہ کام مفت کیا جائے لیکن زمانہ چونکہ صنعتی ارتقا کا ہے، اس لیے خدمت خلق کا تقاضا واجب معلوم نہیں ہوتا۔ لہٰذا ہم بطور انعام کچھ گیت دان ضرور پیش کریں گے۔ آنے جانے کا کرایہ بھی دیں گے، بشرطیکہ سفر تھرڈ کلاس میں کیا جائے۔

اور چنتا منی خود اس اشتہار کو پڑھے تو گھر چلا آئے۔ میں یہ کہہ کر چنتا منی کو پریشان نہیں کرنا چاہتا کہ اس کی ماں بستر مرگ پر پڑی ہے یا والد محترم نے کھانا پینا ترک کر رکھا ہے۔ نہیں، یہاں سب خیریت ہے۔ سارے کنبہ کی حالت بدستور اچھی ہے۔ والد صاحب کو کھانا بدستور ہضم ہو جاتا ہے۔ ماں بھی پڑوسنوں سے ہر روز لڑتی ہے۔ اس لیے چنتا منی کو بے خوف ہو کر گھر آ جانا چاہیے تاکہ کم از کم ہم اس کالی کتیا کو

تو گھر سے باہر نکال سکیں۔

"چنتامنی جلدی آؤ بھیا! ورنہ وہ اگر دو سو روپے سارے کے سارے خرچ ہو گئے تو تمہارے واپس آنے کا کوئی فائدہ نہ رہے گا۔"

(۸) انکم ٹیکس والے

کنہیالال کپور

منکر نکیر اور محکمہ انکم ٹیکس کے انسپکٹروں میں یہی فرق ہے کہ منکر نکیر مرنے کے بعد حساب مانگتے ہیں اور موخر الذکر مرنے سے پہلے۔ بلکہ یہ کہ منکر نکیر صرف ایک بار مانگتے ہیں اور انکم ٹیکس کے انسپکٹر بار بار نیز یہ کہ منکر نکیر گناہوں کا حساب لیتے وقت ثواب کو نظر انداز نہیں کرتے مگر انکم ٹیکس تجویز کرنے والے صرف گناہوں میں دلچسپی رکھتے ہیں، ثواب سے انہیں کوئی سروکار نہیں۔ آمدنی کو گناہ میں اشتراکیوں کی اصطلاح میں کہہ رہا ہوں۔ ملاحظہ ہو ایک اشتراکی فلاسفر کا نظریہ کہ "تمام صاحب جائیداد چور ہیں۔"

ادھر مارچ کا مہینہ آیا ادھر ان کے پیام آنے شروع ہوئے کہ صاحب ایک ہفتے کے اندر اندر آمدنی کا نقشہ پر کرکے دفتر میں بھیج دیجئے۔ ورنہ آپ پر زیر دفعہ "فلاں" مقدمہ چلایا جائے گا۔ اسے کہتے ہیں مفت خوری اور سینہ زوری۔ بھلا کوئی ان سے پوچھے کہ صاحب جب ہم سارا دن دفتر میں پنسل گھساتے تھے، افسروں کی گھڑکیاں سہتے تھے، سپرنٹنڈنٹوں کے ناز اٹھاتے تھے اس وقت آپ کہاں تھے۔ کبھی چھوٹے منہ سے یہ نہ کہا، "لاؤ ان رقموں کی میزان میں کردوں، یا اس فائل سے میں نپٹ لوں گا۔" اور جب پیسوں کا منہ دیکھنا نصیب ہوا تو آپ آدھمکے اور لگے رعب جمانے کہ ہمارا حصہ لاؤ۔ اگر عاجزی سے مانگیں تو کوئی عیب نہیں کہ راہ خدا ہم غریبوں کو بھی دو" ہے ملی گر تم کو ثروت

چند روز۔"

مگر یہاں تو اس کروفر سے مطالبہ کیا جاتا ہے گویا ہم کماتے ہی ان کے لئے ہیں اور یہ بیوی بچوں کا قصہ تو گویا الف لیلہ کی داستان ہے۔ مگر صرف مطالبے پر ہی معاملہ ختم نہیں ہو جاتا، آمدنی کا نقشہ پر کرنے کے بعد ایک دن دفتر میں بھی تشریف لایئے تاکہ اندراج کی تصدیق کی جا سکے۔ اور جب آپ اپنا قیمتی وقت ضائع کر کے وہاں جاتے ہیں تو آپ کی کیا گت بنائی جاتی ہے؟ برآمدے میں جہاں آپ کو گھنٹوں انتظار کرنا ہے، کوئی بینچ یا کرسی نہیں۔ دوسرے جتنا عرصہ آپ برآمدے میں کھڑے رہتے ہیں دفتر میں کام کرنے والے بابو اور چپڑاسی آپ کو اس طرح گھور گھور کر دیکھتے ہیں گویا آپ جیل سے بھاگے ہوئے مجرم ہیں۔ مگر سب سے بڑی کوفت یہ کہ محکمہ انکم ٹیکس کے انسپکٹر اپنے آپ کو فرعون یا کم از کم ہٹلر سے کم نہیں سمجھتے، اس لئے جب آپ جھک کر سلام بجالاتے ہیں تو وہ یا تو منہ دوسری طرف پھیر لیتے ہیں یا پھر سگار کا دھواں آپ کے منہ کی طرف چھوڑتے ہوئے آپ پر یوں نگاہ غلط انداز ڈالتے ہیں جیسے آپ انسان نہیں بلکہ رینگنے والے کیڑے اور اس کے بعد گستاخانہ استفسارات کا سلسلہ۔

"یہ نقشہ آپ نے پر کیا ہے"

"جی ہاں"

"آپ ہی کا نام ہے دین دیال"

"جی ہاں"

"آپ کہاں پروفیسر ہیں"

"کلچرل کالج میں"

"آپ کی تنخواہ"

"ایک سو بیس روپیہ ماہانہ"

اور آپ دل ہی دل میں جھنجلا کر کہتے ہیں، کم بخت اندھا ہے، پڑھ نہیں سکتا؟ نقشے میں ان تمام سوالوں کے جواب لکھ تو دیئے تھے۔ اس قسم کے تین چار بے ضرر سوالات کرنے کے بعد آمدم بر سر مطلب والا معاملہ شروع ہوتا ہے۔

"ہاں تو آپ نے تنخواہ کے علاوہ اپنی بالائی آمدنی کیوں نہیں دکھائی۔"

"جناب" آپ منکسرانہ لہجے میں کہتے ہیں، "تنخواہ کے علاوہ میری کوئی اور آمدنی نہیں۔"

"ہوں" وہ منہ سے پائپ یا سگار نکال کر طنزیہ انداز میں فرماتے ہیں، "اور وہ جو جناب نے کبوتر نامہ لکھا تھا، اس کی رائلٹی کیا ہوئی۔"

"جی کیا عرض کروں، بندہ پرور، سال بھر میں کل تین کاپیاں فروخت ہوئی جن پر ساڑھے تیرہ آنے رائلٹی ملی۔"

"ساڑھے تیرہ آنے سے مطلب نہیں۔" وہ گرج کر فرماتے ہیں، "آمدنی کے نقشے میں اسے بھی دکھانا چاہیئے۔"

آپ دبی زبان سے اپنی غلطی کا اعتراف کرتے ہیں۔ وہ غرا کر پھر پوچھتے ہیں۔

"اور وہ جو آپ کو ریڈیو سے معاوضہ ملا، وہ کیوں نہیں دکھایا۔"

"اجی حضرت وہ کیا معاوضہ تھا۔ ڈھائی منٹ کے لئے بچوں کے ایک فیچر پروگرام میں گیدڑ کا پارٹ ادا کیا تھا۔ جس کے ڈھائی روپے ملے۔ اب میں وہ کیا آمدنی کے نقشہ میں دکھاتا۔"

وہ اسی فرعونیت کے ساتھ جواب دیتے ہیں، "کچھ بھی ہو اندراج مکمل ہونا چاہیئے۔"

چند ثانیوں کی اذیت بخش خاموشی کے بعد وہ پھر آپ سے مخاطب ہوتے ہیں، "ہاں اور وہ جو آپ رائے بہادر مستیا مل کی لڑکی کو بطور معلم پڑھاتے رہے، وہ ٹیوشن فیس آپ نے درج نہیں کی۔"

"جناب، رائے بہادر بیس روپے ماہوار ہی تو دیتے تھے اور ان کی کوٹھی تھی غریب خانے سے چھ میل دور، پندرہ روپے ماہوار تانگے والا لے لیتا۔ باقی رہے پانچ۔ ان سے بمشکل سگریٹ پان کا خرچ چلتا۔"

مگر وہ دہاڑ کر کہتے ہیں، "آمدنی آمدنی ہے، پانچ ہو یا پچاس۔"

اور آپ بے حد مرعوب ہو کر سوچنے لگتے ہیں، یہ کم بخت انکم ٹیکس والے حساب دان ہونے کے علاوہ غضب کے سراغ رساں بھی ہیں۔ آپ کی آمدنی کے متعلق آپ سے بھی زیادہ جانتے ہیں۔ حالانکہ آپ نے صرف ریڈیو والوں کی لاج رکھنے کے لئے ڈھائی روپے کی گرانقدر رقم کا ذکر نہ کیا تھا اور اگرچہ "کبوتر نامہ" کی رائلٹی آپ کے ذہن سے بالکل اتر چکی ہے مگر انہیں سب کچھ یاد ہے۔ آپ کی آمدنی کے تمام ذریعوں کا انہیں پتہ ہے۔ آپ یہ سوچ ہی رہے ہوتے ہیں کہ وہ لال لال آنکھیں نکال کر کہتے ہیں، "آپ کو معلوم ہے، آمدنی چھپانا جرم ہے۔" اور پیشتر اس کے کہ وہ آپ کو تعزیرات کی اس دفعہ کا حوالہ دے سکیں جس کے تحت آپ کو گرفتار کیا جا سکتا ہے آپ معافی مانگنے پر اتر آتے ہیں اور یہ ہے وہ بات جس پر انکم ٹیکس کے انسپکٹروں کو ناز ہے کہ کلچرل کالج کا پروفیسر دین دیال جو ایم اے ہونے کے علاوہ ایل ایل بی بھی ہے ان سے گڑگڑا کر معذرت کر رہا ہے۔ اور دراصل اسی امر کے لئے تو آپ کو دفتر میں طلب کیا گیا تھا تاکہ انسپکٹر صاحب اپنے احباب میں مونچھوں پر تاؤ دے کر کہہ سکیں، "اجی ہماری موجودگی میں بڑوں بڑوں کے زہرے آپ ہو جاتے ہیں۔ پرسوں کلچرل کالج کے ایک پروفیسر کو اتنا دھمکایا کہ بیچارا

تھر تھر کانپنے لگا۔۔۔"

سگار کے دو چار کش اور لگانے کے بعد وہ آپ کی معذرت قبول فرما لیتے ہیں جس کا پتہ اس بات سے چلتا ہے کہ وہ آپ کو بیٹھنے کے لئے کرسی پیش کرتے ہیں۔ مگر رخصت ہوتے وقت یہ خوشخبری آپ کے گوش گزار کی جاتی ہے کہ انہوں نے آپ کی حالت زار پر رحم کھاتے ہوئے صرف ایک سو بیس روپیہ انکم ٹیکس تجویز کیا ہے جو آپ کی ایک مہینہ کی پوری تنخواہ ہے۔ اس پر بھی آپ ناراض ہونے کے بجائے ان کا شکریہ ادا کرتے ہیں۔ مگر جب گھر لوٹتے ہیں تو دل ہی دل میں کہتے ہیں، "آمدنی آمدنی ہے، پانچ ہو یا پچاس۔ خوب مگر کیا خرچ خرچ نہیں۔ پانچ سو ہو یا پانچ ہزار۔"

اور اس وقت آپ کا جی چاہتا ہے کہ کاش یہ زبان دراز افسر آپ کے اخراجات کا بھی جائزہ لے سکتا اور جیسے آپ کی آمدنی کے تمام ذرائع معلوم ہیں کاش اسے آپ کے خرچ کی تفاصیل بھی اسی طرح از بر ہوتیں۔ کاش اسے یہ پتہ ہوتا کہ آپ کی آدھی سے زیادہ آمدنی بیوی کی ساڑھیوں پر خرچ ہوتی ہے۔ ایک چوتھائی آپ کے فیملی ڈاکٹر کی جیب میں چلی جاتی ہے اور اگر آپ کا ہمسایہ آپ کو قرض نہ دے تو شاید آپ کو کسی یتیم خانے کی پناہ لینی پڑے اور آپ سرد آہ کھینچ کر کہتے ہیں، صرف ایک سو بیس روپے انکم ٹیکس تجویز کرنے والے مہربان اگر تجھے واقعی میرے اخراجات کا علم ہوتا تو انکم ٹیکس تجویز کرنے کی بجائے گورنمنٹ سے مجھے اسپیشل وظیفہ دلواتا۔ مگر افسوس تو یہی ہے کہ تجھے میرے اخراجات کا علم نہیں۔

(۹) ہم بھی شوہر ہیں

یوسف ناظم

آدمی کو بگڑتے دیر نہیں لگتی۔ اچھا بھلا آدمی دیکھتے دیکھتے شوہر بن جاتا ہے۔ یہ سب قسمت کے کھیل ہوتے ہیں اور اس معاملے میں سب کی قسمت تقریباً یکساں ہوتی ہے۔ شوہر کی لکیر سب کے ہاتھ میں ہوتی ہے اور ہاتھ کی لکیروں میں یہی ایک لکیر ہوتی ہے جس سے سب فقیر ہوتے ہیں۔ شوہر بنناکوئی معیوب فعل نہیں ہے اور اگر ہے بھی تو اس خرابی میں بھی تعمیر کی صورت پیدا ہوسکتی ہے۔ کہا جاتا ہے کہ ان شوہروں کی زندگی بہت اچھی گزرتی ہے جنھیں کبھی یہ یاد نہ آئے کہ وہ شوہر ہیں۔

ہمارے دوست ابوالفصاحت عالم قدر نے اسی طرح زندگی گزاری۔ ان کی شادی کو بارہ سال تو ہو ہی گئے ہوں گے لیکن کیا مجال جو ان بارہ سالوں میں انھیں ایک لمحے کے لئے بھی یہ گمان گزرا ہو کہ وہ شوہر ہیں۔ ہماری ان سے بہت گہری دوستی ہے۔ یہ ہمارے اسکول کے ساتھی ہیں۔ اسکول کے نام سے کہیں آپ یہ نہ سمجھ لیں کہ انھوں نے اسکول میں کچھ پڑھا بھی ہے۔ یہ تو صرف اخلاقاً اسکول آتے تھے۔ شروع ہی سے بڑے نصیب والے ہیں۔

ان کی سب سے بڑی خوش قسمتی تو یہ ہے کہ ان کے والد نے زیادہ عمر نہیں پائی۔ یہی رہے ہوں گے کوئی ۴۵-۴۶ سال کے جب ان کا انتقال ہو گیا اور ابوالفصاحت ان کی جائیداد کے تنہا وارث قرار پائے، ان کے والد مرحوم جن کا نام شہنشاہ بیگ تھا، کی دو

بیویوں نے ان کی زندگی ہی میں ان سے علیحدگی حاصل کرلی تھیں اور اس طرح شوہر کا داغ مفارقت سہنے سے بچ گئی تھیں۔ جاتے وقت مہر کی ایک موٹی رقم کے علاوہ زیور گہنے چاندی کے برتن اور کچھ الکٹرانک سامان ساتھ لیتی گئیں لیکن شہنشاہ بیگ کی پیشانی پر شکن تک نہیں آئی۔ ان کی پیشانی پر شکن نہ آنے کی دو وجہیں تھیں۔ ایک تو یہ ان کی پیشانی پر یونہی بل پڑے رہتے تھے اور دوسرے یہ کہ اللہ کا دیان ان کے پاس اتنا تھا کہ انھیں پتہ ہی نہیں چلا کہ ان کی دو بیویاں کیا ساتھ لے گئیں۔

ابوالفصاحت عالم، شہنشاہ بیگ کی اولین بیوی کی اولاد تھے جو ان دونوں بیویوں سے پہلے ان کے نکاح میں آئی تھیں۔ نیک خاتون تھیں اس لئے زیادہ دن زندہ نہیں رہیں۔ عالم قدر کی ولادت کے بعد ہی ان کا انتقال ہو گیا تھا اور اسی لئے شہنشاہ بیگ نے یکے بعد دیگرے دو اور شادیاں کی تھیں کہ خود کا اپنا دل بھی بہلا رہے اور عالم قدر کی تھوڑی بہت تربیت بھی ہوتی رہے، ان دونوں بیویوں کو انھوں نے کوئی خاص زحمت بھی نہیں دی اور اپنی مساعیٔ جمیلہ سے انھیں بے اولاد ہی رہنے دیا۔ ان میں سے ایک بیوی کا نام غالباً جمیلہ تھا بھی لیکن یہ سب باتیں میں آپ کو کیوں بتا رہا ہوں۔ بات تو صرف یہی کہنی ہے کہ ابوالفصاحت عالم قدر کس قسم کے شوہر ہیں۔ ان کے آباواجداد کے متعلق کچھ کہنا اس لئے ضروری ہو گیا کہ ان کا پسِ منظر آپ کے پیش نظر آسکے۔ شہنشاہ بیگ بہت زیادہ متین آدمی تھے۔ ہنسنا تو دور رہا مسکراتے بھی نہیں تھے۔ لوگ منتظر رہتے تھے کہ شاید عید بقر عید کے موقعے پر مسکرائیں گے لیکن کئی عیدیں یونہی گزر جائیں۔ ایک بقر عید پر جب وہ مسکرائے تھے تو کہا جاتا ہے کہ کئی سال تک اس کا چرچا رہا اور لوگ حیرت زدہ رہے۔

ان کی دو بیویوں کی علیحدگی کی وجہ بھی یہی بیان کی جاتی ہے۔ نہیں نہیں ان کے مسکرانے کی وجہ سے وہ علیحدہ نہیں ہوئیں بلکہ اپنے کمانڈر اِن چیف کی متانت ان سے

برداشت نہیں ہو سکی۔ شہنشاہ بیگ شوہر کی حیثیت سے بالکل کمانڈر ان چیف تھے۔ گھر میں ہمیشہ مارشل لاء کی کیفیت رہتی تھی۔ ہمارے دوست ابوالفصاحت کے اسکول آنے کی ایک وجہ یہ بھی تھی۔ ان کے ساتھ ایک ملازم ایک بڑا سا توشہ دان اور ایک صراحی ضرور آیا کرتی تھی۔ جب یہ میٹرک میں پہنچے تو شہنشاہ بیگ نے ان کی شادی کر دی۔ میٹرک میں پہنچنے سے پہلے ہی یہ شادی کی عمر کو پہنچ چکے تھے اور آدمی کسی اور قابل ہو یا نہ ہو شادی کے قابل تو ہوتا ہی ہے۔

شہنشاہ بیگ کو اپنے بیٹے کی طرف سے کوئی خدشہ نہیں تھا لیکن اتنے بڑے گھر میں بہرحال ایک خاتون کی ضرورت تھی۔ ہم ان کی شادی میں بھی شریک ہوئے اور چند ہی دن بعد ہم نے دیکھا کہ ابوالفصاحت عالم قدر کے رگ و ریشہ میں بیوی سرایت کر گئی ہیں۔ یہ بالکل ریشہ خطمی ہو کر رہ گئے تھے اور خود ان کے والد شہنشاہ بیگ میں حیرتناک تبدیلی پیدا ہو گئی تھی۔ وہ مسکرانے لگے تھے۔

دلہن نے سب سے پہلے تو عالم قدر کو اسکول سے چھٹی دلا دی یہ کہہ کر کہ میرے بھولو شاہ! شادی شدہ لوگ مدرسے میں پڑھنے نہیں پڑھانے جایا کرتے ہیں۔ پھر ان سے کہا صبح اٹھ کر سب سے پہلے نہایا کرو، شیو بھی روز کیا کرو۔ خود نہیں کر سکتے تو کسی کا راتب لگوا لو۔ دوپہر میں جتنا کھانا کھاتے ہو اگر اتنا ہی کھانا ہے تو ناشتہ مت کیا کرو۔ شطرنج کھیلنی ہے تو صرف ان دوست کو شام کے وقت بلایا کرو، دوست کا اشارہ ہماری طرف تھا اور اسی لئے ان کی دلہن ہمیں بہت پسند آئیں۔ لہجہ ذرا سخت تھا لیکن صورت شکل کے معاملے میں ان کے خلاف کوئی لفظ نہیں کہا جا سکتا۔

صورت سے ملازم ضرور خوف کھاتے تھے لیکن اس کی وجہ وہ دبدبہ تھا جو ان کے چہرے کا ایک حصہ تھا۔ ملازموں کے لئے انھوں نے ایک یونیفارم بھی مقرر کر دیا تھا کہ

اپنے شوہر کو پہچاننے میں دقت نہ ہو۔ معلوم نہیں ہمارے آنے جانے پر انھیں کیوں کوئی اعتراض نہیں ہوا۔ شاید وہ جانتی تھیں کہ ان کے میاں صرف اس وقت کھل کر سانس لیتے ہیں جب وہ ہمارے ساتھ ہوں۔ دلہن کی موجودگی میں ان کی سانس اکھڑی اکھڑی رہتی تھی۔ ان کا نام بھی ابوالفصاحت دلہن ہی نے رکھا تھا۔

کہتی تھیں ہمارے خاندان کا یہ دستور رہا ہے کہ اپنے داماد کا ایک سسرالی نام ضرور رکھیں۔ ان کی بے پناہ خاموشی کو دیکھتے ہوئے انھوں نے ہمارے دوست کے لئے یہ نام تجویز کیا تھا جسے دلہن کے والد محترم اور والدہ محترمہ کے علاوہ برادران نسبتی نے بھی پسند فرمایا تھا۔ شہنشاہ بیگ کو اپنی دو بیویوں کے چلے جانے کے بعد گھر خالی خالی نظر آرہا تھا۔ اپنے بیٹے کی شادی کے بعد خود انھیں اپنے گھر میں رہنے کے لئے بھی ٹھکانہ ڈھونڈنا پڑتا تھا۔

ابوالفصاحت کے سسرالی عزیز و اقارب اسی گھر میں منتقل ہوگئے تھے اور دلہن کو شادی کے بعد کبھی میکے جانے کی ضرورت پیش نہیں آئی۔ اتفاق سے دلہن کے دو بھائی، ابوالفصاحت کے ہم جسامت تھے۔ یہ دونوں ابوالفصاحت ہی کے کپڑے پہنتے تھے۔ کہتے تھے کہ بڑے بابرکت کپڑے ہیں جب بھی ابوالفصاحت کے جسم پر کوئی نیا کپڑا دیکھتے ان کے برادر نسبتی کو ضرور پسند آجاتا اور دلہن کے کہنے سے ابوالفصاحت اسے فوراً اتار کر برادر نسبتی کی خدمت میں اس طرح پیش کرتے جیسے سکندر اعظم نے پورس کو اپنی تلوار پیش کی تھی۔ نہیں نہیں یہ مثال ٹھیک نہیں ہے، وہ محمد شاہ اور نادر شاہ کی مثال مناسب معلوم ہوتی ہے۔ ابوالفصاحت اپنا نیا زری کے کام کا کرتا اتار کر اپنے برادر نسبتی کی خدمت میں اس طرح پیش کرتے جس طرح محمد شاہ نے اپنی پگڑی جس میں کوہ نور کا ہیرا چھپا تھا، اتار کر نادر شاہ کے سر پر رکھ دی تھی۔ سر پر رکھی تھی یا نہیں ٹھیک سے کہا نہیں جاسکتا لیکن وہ پگڑی نادر شاہ کے پاس پہنچ گئی تھی۔

ابو الفصاحت عالم قدر کو خود کے شوہر ہونے کی بات اس لئے بھی کبھی یاد نہیں آئی کہ شہنشاہ بیگ کے انتقال کے بعد ان کے اتنے عزیز و اقارب پیدا ہو گئے تھے کہ ان سب سے نمٹنا ان کے لئے آسان بات نہیں تھی۔ یہ کام دلہن نے کیا۔ باقی جو بچا دلہن کے بھائیوں نے کیا۔ دلہن کے بھائیوں کو دیکھنے کی تاب بہت کم لوگوں میں تھی۔ ابو الفصاحت کے گھر منتقل ہو جانے کے بعد ان لوگوں کی صحت اور تندرستی میں غضب کی ترقی ہوئی تھی۔ اچھا ہوا کہ ان دونوں بھائیوں میں خون کے رشتے کے علاوہ بھائی چارہ بھی بہت تھا ورنہ اگر کبھی ابو الفصاحت کے نئے کرتے یا پاجامے کے لئے ان دونوں میں ہاتھا پائی ہو جاتی تو گھر کی بنیادیں ہل جاتیں۔ اتنے طاقتور تو دونوں تھے ہی۔ انھیں دیکھ کر ہی شہنشاہ بیگ کے خود ساختہ اور نو ساختہ رشتہ دار میلوں دور بھاگ گئے اور عدالت جانے کی ان میں ہمت نہیں ہوئی۔

ابو الفصاحت کے ان دونوں برادران نسبتی سے ہماری بھی بہت دوستی ہو گئی کیونکہ جب بھی ہم شطرنج کھیلنے بیٹھتے یہ دونوں یا ان دونوں میں سے کوئی ایک ضرور آموجود ہوتا، ابو الفصاحت کو نئی نئی چالیں بتاتا اور ان کے گھوڑے ڈھائی کے بجائے ساڑھے تین گھر چلتے لیکن ہماری کبھی اتنی ہمت نہیں ہوئی کہ ہم ان پر برادر نسبتی کی موجودگی میں اس گھوڑے کی اس زبردست چھلانگ پر اسے ٹوک سکتے۔ ان کے برادر نسبتی میں اتنی طاقت تھی کہ وہ گھوڑے تو گھوڑے اونٹ کو بھی چھلانگ لگانے کی ہدایت دے سکیں۔ ہم نے ان سے اسی لئے دوستی کر لی۔

ابو الفصاحت کو یوں بھی سر اٹھا کر چلنے کی کبھی عادت نہیں ہوئی۔ انھوں نے شاید ہی کبھی اپنے سر کو اوپر اٹھایا ہو۔ کبھی کبھی چاند کو دیکھ لیا تو دیکھ لیا۔ چاند دیکھنا بھی انہوں نے ترک ہی کر دیا تھا کیونکہ ایک مرتبہ اپنی حویلی کی چھت پر وہ سب کے ساتھ رمضان کا چاند دیکھنے گئے تو چاند انھیں نظر آگیا تھا اور جب انھوں نے یہ کہا کہ چاند انھوں نے دیکھ

لیا ہے تو ان کی دلہن نے انھیں منع کر دیا، یہ کہہ کر کہ جب تک ہم چاند نہ دیکھ لیں تم نہیں دیکھ سکتے اور تھوڑی دیر بعد سبھی لوگ چھت سے اتر آئے اور اعلان کر دیا کہ چاند نہیں ہوا ہے۔ جب رات میں ریڈیو پر چاند کے ہو جانے کی خبر نشر ہوئی تو دلہن نے ابوالفصاحت سے جواب طلب کیا کہ تم نے تو انھیں فون نہیں کیا تھا۔ فون پر ان کی انگلیوں کے نشانات بھی ڈھونڈے گئے۔

ہم نے ابوالفصاحت سے کبھی ہمدردی نہیں کی۔ ہمدردی اس شخص سے کی جاتی ہے جسے کوئی دکھ ہو، غم ہو، وہ کسی بات پر رنجیدہ ہو، افسردہ ہو، ابوالفصاحت میں ہم نے کبھی کوئی ایسی بات نہیں دیکھی۔ ان تک تو صرف دلہن کی رسائی تھی، کوئی اور احساس ان کے نزدیک پھٹک بھی نہیں سکتا تھا۔ احساس سے عاری ہونا بھی ایک نعمت ہے۔ ابوالفصاحت کی دلہن یعنی ایک لحاظ سے ہماری بھابی کی انتظامی صلاحیتوں کے بارے میں دو رائیں نہیں ہو سکتیں۔ بھابی تو ہم نے آپ کے سامنے کہہ دیا ورنہ انھیں بھابی ہم نے کبھی کہا نہیں، ہمیشہ دلہن پاشاہی کہا وہ بھی بڑے ادب سے۔ ابوالفصاحت بھی انہیں دلہن پاشاہی کہتے ہیں لیکن کہنے میں ذرا ادب زیادہ ہوتا ہے۔ دلہن البتہ انھیں اے جی کہتی ہیں اور لہجہ تو ہم نے پہلے ہی آپ کو بتادیا کہ سخت ہوتا ہے کیونکہ وہ ہے ہی سخت۔

کئی مرتبہ ایسا ہوا کہ ابوالفصاحت گھنٹوں ہمارے ساتھ تنہا رہے ہوں لیکن کبھی انھوں نے ہم سے اپنا درد دل بیان نہیں کیا۔ اب تو یہ بھی بھول گئے ہیں کہ وہ کہاں کے رہنے والے ہیں ان کی دلہن نے انہیں کہیں کا رکھا ہی نہیں۔ ہاں دلہن نے ان کی زراعت اور کرایے کی کوٹھیوں کا انتظام اپنے ہاتھ میں نہ لے لیا ہوتا اور اتنی جلدی سے اس کی دیکھ بھال نہ کی ہوتی تو ابوالفصاحت اب تک کوڑیوں کے مول بک چکے ہوتے۔ دلہن ان سے بھی خاصے گھر کے کام کروا لیتی ہیں۔ دھوبی کے کپڑے لکھنا انہیں کے ذمے ہے۔ سرکاری بل میونسپلٹی کے بل، ریڈیو کا لائسنس ان سب کی ادائیگی بھی انہیں کے سپرد ہے

کیونکہ ان میں کوئی خرد برد نہیں ہو سکتی۔ البتہ شاپنگ پوری کی پوری وہ خود کرتی ہیں۔ ان سے آج تک انھوں نے کوئی دوروپے کی چیز تک نہیں منگوائی۔

ابوالفصاحت کو نقد جیب خرچ بھی نہیں دیا جاتا تھا۔ کہتی ہیں جو چیز بھی چاہو منگوا دوں گی اور جب بھی یہ کسی چیز کی فرمائش کرتے ہیں ان کے نقصاندہ ہونے کا ذکر چھڑ جاتا ہے۔ سگریٹ یہ پی نہیں سکتے، اس سے کینسر ہو جاتا ہے۔ پان نہیں کھا سکتے، اس سے دانت خراب ہو جاتے ہیں لیکن صرف مردوں کے، خود وہ دن بھر پان کھاتی رہتی ہیں۔ سینما وہ جا سکتے ہیں لیکن صرف دلہن کے ساتھ یا زیادہ سے زیادہ کسی ایک برادر نسبتی کے ساتھ اور وہ بھی صرف وہ پکچر دیکھ سکتے ہیں جو ان کے برادر نسبتی دیکھنا چاہیں اور وہ بھی اس دن جب ان کے برادر نسبتی جانا چاہیں۔ ابوالفصاحت لہو و لعب کے آدمی بھی نہیں۔ کرکٹ کی کمنٹری سبھی سنتے ہیں لیکن انھیں وہ سننا بھی پسند نہیں۔ کہتے ہیں یہ کرکٹ میدان میں گلی کہاں سے آ گئی۔ یہ بھی کوئی کھیل ہوا۔

ایسا سعادت مند شوہر جو اپنی بیوی کے سامنے کرسی پر بیٹھتا تک نہ ہو ہماری نظر سے نہ گزرا۔ اس میں شک نہیں ہم نے بھی اپنے گھر میں کبھی یہ نہیں کہا کہ ہم بھی شیر ہیں۔ کئی سال پہلے ایک مرتبہ کہا تھا تو اس کا نتیجہ کچھ اچھا نہیں نکلا تھا۔ تاہم ابوالفصاحت عالم قدر کی حد تک خدا کسی کو نہ پہنچائے۔ ایسا معلوم ہوتا ہے کہ ان کی دلہن نے انھیں ہر ضرورت سے بے نیاز کر دیا ہے اور اب وہ ضرورت کو جاتے بھی ہیں تو دلہن سے پوچھ کر ہی جاتے ہیں۔

✳ ✳ ✳